HEART

心|視野

HEART
心|視野

The Four Thoughts That F*CK You Up
...and How to Fix Them

Rewire how you think in 6 weeks

終結毒性思考

瞬間扭轉負面想法的轉念練習

丹尼爾·弗瑞爾 Daniel Fryer——著 吳宜蓁——譯

目錄

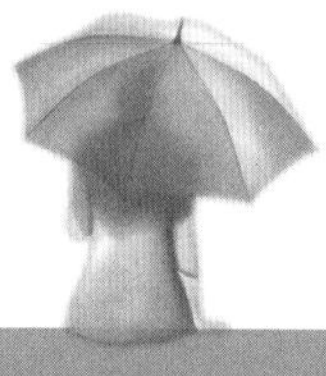

好評推薦

「你常感到挫折嗎？你容易陷入低潮嗎？迷茫中常常覺得自己什麼都不是，這是我們華人教育共通的後遺症。大部分新世代的年輕人不喜歡四維八德、討厭古老智慧，就是因為當代很少有與古老智慧相應的、容易執行的方法。這使得我們成長中的各種壓力，慢慢衍生成不同的毒性慣性思維，用看不見的方式毀損著我們的幸福和靈魂。好消息是，毒性思維雖然固執，卻很容易破解，關鍵在我們是否能當下發現，並解讀自己的想法。『不怕念起，只怕覺遲』只要對自己的負面想法，有即時的覺知，就可以防堵一切毀損自己人生的可能。書中的方法，堪稱是『最接近幸福的方法』，簡單易學、容易執行，幫助我們減少情緒浮動、減輕心理壓力，輕鬆掌握幸福人生。」

——白瑜，人生策略師、星座專家

「理性情緒行為療法好懂、有效，但因為過程中的『面質』*，有時會讓人覺得少了點『人味』，而作者幽默風趣，又真摯的筆觸，似乎補上了這份溫暖與真實。」

——林士傑，諮商心理師

* 指當事人的敘述與諮商師所觀察到的不同時，直接指出其矛盾處，協助當事人對問題有進一步的了解。

前言

讓你崩潰的，往往是你的想法

「生活的幸福，取決於思想的品質。」

——馬可思．奧理略（Marcus Aurelius），羅馬帝國皇帝

初次見面的人，都認為我是個冷靜沉著、處變不驚的人，然而認識我的人都記得，以前的我脾氣多麼暴躁、缺乏耐心，不過在我學習與實踐心理療法，尤其是某一種心理療法之後，我就改變了。

極少數認識我的人都知道，有一次，我開車追趕一個我剛讓路的司機，切到他的前面，迫使他停在路中央，然後跑到車旁，重重地敲著駕駛座的車窗，對他大吼道：「下次有人讓你通過時，你要說聲謝謝！」

司機恐懼地用力點頭，於是我走回車上，把車開走，剛才爆發的憤怒，讓我的頭不斷

抽痛。

那不是我狀態最好的時刻。

我要解釋一下，在那條又長又窄的路上，他是我讓的第三輛車，我當時真的感到非常委屈。那是很久以前的事了，值得慶幸的是，優秀的治療法給了我很大的幫助，這些年來，引導我克服了許多令人沮喪的情況。

我第一次接觸「理性情緒行為療法」（Rational Emotive Behavior Therapy, REBT）是在二〇〇五年，一堂課上學到它的（我是一名執業心理治療師）。在那之前，我在新聞和出版業工作，每天跟時間賽跑，處於非常緊繃的狀態，壓力遠遠超出了我的負荷，我覺得心理治療對我會有所幫助。令人驚訝的是，確實如此。

我曾在倫敦工作，那時的工作壓力很大，幾年前搬到布里斯托，壓力稍微減緩，就在這段期間，機緣巧合下，我從「巴特西貓狗之家」*領養了一隻比特犬，並意外地把牠變成了工作治療犬，而且成了一隻很有名的狗，有專屬的文章和特寫。牠刻意低調，但私底下，我認為牠很享受各種關注。

那時，我已經做了一年多的催眠治療師，想要持續擴展並精進專業知識。「理性情緒行為療法」是一種非常有結構、以目標為導向的心理治療法。它會挑戰你對特定情況產生的擾人想法，並用比較有助益的想法來取代它們，專注於實用的解決方案。著眼你目前所處的狀態，和想要達到的狀態，然後為你提供實現目標的工具。

這堂課的幾位講師都是執業治療師，他們每週會解釋治療的不同面向，探索不同的主題。他們經常會請班上同學到前面去，幫助他們展示治療的各個面向和實踐方式。

老師們會說：「找一個困擾你的問題來解決。這樣你不只能專注於自身發展，還能體驗這種特殊療法的效果。」

但自願上台的同學，都沒有真正的提出問題，他們太緊張了，大多是編造問題，或提出假設性的問題，甚至是拿別人的問題來角色扮演。其實都看得出來。

有一天，一個同學自告奮勇上台，他坐在全班同學面前，老師問他想解決什麼問題。

「呃，」他緩慢地說，眼睛望著遠方，明顯是在認真思考，他到底想解決什麼問題。「我總是無法按時清理魚缸，我想知道為什麼。」

全班爆出一陣呻吟聲，老師驚叫：「噢！沒有人會付你大筆諮詢費，來解決這種問題的。其他人有沒有真正想解決的問題？」

我試探性地舉起手。

「你有什麼問題要我處理呢？」老師問。

＊　英國最知名，且歷史悠久的動物救援中心之一。

「憤怒管理的問題。」我說。

老師高興得臉都亮了起來。「是怎樣的問題呢？」他問道，此時班上二十雙眼睛都盯著我。

我說：「我不喜歡擁擠的地方，我不喜歡塞車和交通尖峰時段，我不喜歡有人超到我前面，無論是開車還是走路。我不喜歡擁擠的火車月台、擁擠的火車，我不喜歡購物中心和音樂廳，我不喜歡足球比賽和慶典，我甚至不喜歡走路太慢的人。基本上，我不喜歡任何有很多人的地方。」

「那麼，你為什麼會認為，這是不健康的憤怒管理問題，而不是普通的情緒沮喪呢？」他問。

「嗯，」我說，臉有點紅了起來，「我經常低聲碎念，或大吼、咒罵別人，還很常像熊一樣對人咆哮。如果我很生氣，我會動手抓住他們，把他們推開，如果真的非常生氣，剛說的所有事情我都會做。」

「真要命，」他說，「這是憤怒沒錯，請到前面來吧。」

他又問了我幾個問題，關於我在擁擠場所憤怒管理的問題，並且在很短的時間內，設法推斷出我憤怒的確切原因。運用「理性情緒行為療法」的工具和技術，他快速地找出了讓我抓狂的四種想法。

在課程中，我持續地處理這些問題，而讓所有人都鬆了一口氣的是，我再也沒有嘟囔、大吼、咒罵、咆哮、抓住人或敲擊車窗了。也許並不是真的再也沒有，就是比「再也沒有」多一點點，幾乎沒有，只是偶爾難免出現一點點情緒波動。

但是，到底什麼是「理性情緒行為療法」？它能達到什麼效果，如何幫助你以更合適的方式思考、感受與行動呢？

「理性情緒行為療法」是「認知行為療法」（Cognitive Behavior Therapy, CBT）的一種形式，採用一種簡單而巧妙的方法，達到健康的心理。

首先，「引發事件」（Activating event, A）會觸發「特定信念」（Belief, B）導致某些「情緒後果」（Consequence, C）；你激烈且反覆地「反駁」（Disputing, D）那個信念，於是對最初的引發事件，產生「有效地理性觀點」（Effect, E）。這被稱為健康心理的「ABCDE模式」，後文我將詳細解釋。

這個模式讓你得以辨識，並戰勝觸發有害情緒和行為的毒性思考，同時能幫助你形成、強化一系列更健康的想法，這些想法將觸發更多有益的情緒和行為。

在「B」信念的部分，有四種會讓你崩潰的不健康認知，和四種能理性應對各種情況的健康認知，我們將在第一章和第二章探討。

「理性情緒行為療法」是一九五〇年代中期，由一位名叫亞伯．艾里斯（Albert Ellis）

的紐約心理治療師首先提出，並發展起來的，它比由精神病學家亞倫・T・貝克（Aaron T. Beck）提出的「認知行為療法」，早了大約十年。

亞伯・艾里斯雖於二〇〇七年去世，但他的治療方法對後世影響深遠，他被認為是心理治療界的英雄。一九八二年，在一項對美國和加拿大心理學家的專業調查中，他被評選為歷史上第二有影響力的心理治療師，排在第三的是精神分析學家佛洛伊德。

一開始，「理性情緒行為療法」被稱為「理性療法」（RT）；「認知行為療法」被稱為「認知療法」（CT）。後來，他們變成認知行為療法中，兩個獨立但相似的分支。

認知行為療法的治療師在提供治療時，很少會明確地讓你知道，你接受的貝克模式還是艾里斯模式，但一般來說，你接受的通常是貝克模式。這實在是令人遺憾，因為「理性情緒行為療法」既有其哲學，也有其結構，它易於解釋、易於執行，而且當你在憤怒、焦慮、憂鬱等，各種不健康的負面情緒和行為邊緣時，它能巧妙地把你拉回來。

在心理治療領域之外，很少有人聽說過這種療法，即便是以它作為主要療法的人。大家一般認為它是認知行為療法的第一種形式，對我來說，它是認知行為療法中，比較有效的一種形式。雖然這見仁見智。

就像所有的認知行為療法一樣，「理性情緒行為療法」是一種實證本位的實踐法。意思是說，多年來，已經有許多研究和實驗，證明它能有效治療多種症狀。

本書會討論八種不健康的負面情緒問題，此外，面臨像是「上癮」和「戒不掉的壞習慣」等行為問題，它也能有效處理。其實，你只要在谷歌的學術搜尋中輸入「REBT」，你就會得到一大堆令人眼花撩亂的結果，滿足你想探究的學術欲望。

多年來，無論是在個人治療還是團體治療中，人們透過「理性情緒行為療法」，有效地處理許多令人煩惱的情況，和具有挑戰性的問題，令我印象深刻。不少人對我說過類似這樣的話：「真希望我能早點接受這種療法。」或「真希望我幾年前就知道這種療法。」

關於「理性情緒行為療法」的書籍很多，但是沒有多少人真的意識到它的功效。因此，本書不只要點出它的優點，還要大聲頌揚：「理性情緒行為療法超讚的！如果你不想再挫敗、沮喪，如果你想讓別人免於挫敗、沮喪，它真的可以幫助你！」本書將分三章，告訴你如何做到。

第一章介紹了四種會讓你崩潰的毒性思考。根據「理性情緒行為療法」，這四種負面信念，幾乎是所有心理障礙的核心。

第二章將討論四種理性的取代方案，我們會透過增進心理健康，來阻止你把自己搞垮。

這兩章結合起來，會讓你以一種全新的方式看待生活，以及生活中的所有問題與挑戰。它們告訴你，在看待事物的方式上，如何全面的、達觀的轉變。

前兩章使用的範例很相似且有關聯，看起來有些重複，但這樣做是有原因的。首先，重複就是關鍵（後文會解釋）；其次，為了強調如何削弱負面信念、強化正面信念，我全面性地點出了一系列類似的信念。

第三章則是深入本質的地方。本書將幫助你在短短的六週內，解決特定的情緒問題。是的，你沒看錯。只要六個階段（如果你認真執行），就可以重新調整大腦，以一種完全不同的方式，去應對問題與挑戰。

但是，這有兩個條件。首先，你的問題必須盡可能清楚具體；其次，它應該是輕度到中度的困擾，而不是嚴重的困擾，如果你的狀況很嚴重，我建議直接與治療師配合。

舉例來說，「社交焦慮」就是一個很具體的問題；焦慮自己的表現，也是具體的問題；因為失去工作或感情而憂鬱，也是具體的問題；對特定的人或在特定的情況下生氣也算；對你的伴侶吃醋或沒有安全感也算。

「六」幾乎是所有醫療保險公司，都很喜歡的一個神奇數字，主要是因為英國國家健康與照顧卓越研究院（National Institute of Clinical Excellence, NICE）*的指導方針中，認為在治療輕度到中度的特定狀況時，「六階段」是相當合適的治療方式**。此外，以我個人的經驗來看，我幫助過許多人，在僅僅六階段中，就控制住了特定的焦慮、憤怒、憂鬱和嫉妒等問題。

前述兩個條件，還有一點需要特別注意。如果你有確診的病症，例如經醫生診斷的憂鬱症，或你正在處理當下或近期的重大創傷，那麼最好還是尋求專業人員的幫助，而不是依賴本書。

確診病症不是單純由你的信念造成的，而是包括一系列複雜的因素，如環境、突發狀況、腦內化學作用等。並不是說本書幫不了你，只是方法稍有不同。

此外，本書常以幽默口吻傳達資訊，並不是看輕你正在經歷的事情，而是為了幫助你走出困境。幽默是一種絕佳的治療手法，然而，對正處於嚴重憂鬱症中的人來說，它並不是最好的方法。

同樣地，「理性情緒行為療法」也可以用來處理創傷並繼續前進。它適合被「卡住」的人，以及難以放下以前發生的事，然後繼續前進的人。如果你的創傷事件是剛剛發生的，那麼向受過訓練的專業人士諮詢，會比這本書更適合你。諮商師能夠提供一個安全的空間，來探索並處理你的情緒。再說一次，幽默絕對有幫

* 隸屬於英國國家保健局（National Health Service, NHS），該機構的主要功能是為改善健康和社會福利，提供各種指導和建議。

** 理性情緒行為療法和認知行為療法被認為是「短期」療法，意思是療程長度為數週到數個月，而不是好幾年。六個月理性情緒行為療法和認知行為療法被認為是「短期」，因此六階段確實很短。

助，但是要在過程的後期。當你剛遇到創傷或震驚的事時，幽默與你正在經歷的情緒，是嚴重不一致的。悲痛的事件也是如此，所愛之人過世之後，處理悲傷的心理諮詢，會比本書更適合你。

所以，除了確診病症和最近的創傷，如果你能舉出一個具體的問題，最好是輕度到中度的，那麼請繼續讀下去。如果你的狀況不是如此，請尋求專業人士的幫助。

第三章採用逐步進行的方法，將幫助你一步步辨識，並處理你的特定問題，直到找到適合的解決方案。

這個方法的第一週到第六週，需要你做一些「作業」，會有一些東西要你去讀、寫、思考和執行。在這些章節中，我留下了讓你書寫的空間，但有些人不喜歡在書上寫東西，怕書受到汙損，甚至覺得這樣做是褻瀆書本。如果你是這樣的人，你可以先準備筆記本或日記，或是可以到我的網站下載表格：www.danielfryer.com。

本書充滿了有趣的故事，其中一些是刻意重複，或相互關聯的，這些例子的來源，除了我自己的憤怒管理問題，也包括十五年來，我在自己和他人身上進行的「理性情緒行為療法」練習。為了保護當事人，故事中的名字都經過更改，事實上，除了一、兩個例子，我沒有用到任何名字。

藉由這本書，你將學會如何靈活適應具挑戰性的情況、從真實的角度去看待事情，不會誇張或放大事情的困難程度，並學會接受自己和他人。每個人都是非常了不起個體，但也都不是完美的。

我不能保證這麼做，能減少你生活中的壓力，但我可以保證，你將能以一種更有效的方式來處理壓力。簡而言之，你將學會面對逆境時，也不會把自己搞垮。說到這四種毒性思考，沒有什麼比強迫自己達到某樣事物，更讓人崩潰的了……。

想看個例子嗎？

第1章

讓你崩潰的四種毒性思考

01 教條式的要求：任何人事物都沒得商量

「成熟的人，滿足生活的需求；不成熟的人，要求生活滿足他們的需求。」

——亨利．克勞德（Henry Cloud），美國作家

四種毒性思維中，頭號公敵就是「教條式的要求」。那些困擾你，而你卻無力改變的情緒或行為背後，都有著對某樣事物的要求。而所謂的「要求」，到底是什麼呢？

在理性情緒行為療法中，「要求」有個特定的定義——它是僵化的、教條式的信念，會令你煩擾不安。包括了「一定要」、「絕對不可以」、「應該」、「不應該」和「必須」等字眼，意指你認為自己的信念是不容置疑、絕對正確的，它是神聖不可侵犯的法則，牢牢地刻在你腦中，永遠都不能打破，否則就會有大災難！你執著於一個想法，而且只能是那樣，它是一種絕對的信念，所有其他選擇都是不允許的。聽起來很極端，對吧？

它通常是一種僵化的表現，例如，會把「我想要有……」變成「我必須要有……」。

這可以套用於任何事，如果你對一個人、一種情況，或任何事物做出了不合理的反應，那麼在這種不合理的反應背後，就帶有對某種事物的「要求」。稍後在第三章，我將會更清楚地闡述這個概念，現在你只需要知道，「要求」是四種毒性思考中最主要的。

舉例來說，假設我特別在乎時間，渴望任何事都能準時。而且不僅是渴望，我已經形成了一個嚴格的、絕對的信念，我必須準時去做每一件事，無論何時，無論什麼原因，都必須準時，沒有商量的餘地。

這樣一來，準時就成了一種教條式的要求。你可以看出，它是渴望「每件事都要準時」的嚴格要求。「想要」準時這件事完全沒有問題，問題是在於，任何事都「必須」準時。

這種嚴格的要求讓你崩潰，我們可以從幾個層面來討論。首先，它通常是不符合現實狀況的。它嚴格、絕對，沒有變通的餘地，除了它沒有別的選擇。這很瘋狂，因為你沒有考慮到，有可能因突發狀況導致耽擱。畢竟，生活總有些時候（實際上是經常）會遇到耽擱、延遲。例如，現在正在寫這篇文章的我，坐在從「布里斯托寺院草原」開往「倫敦帕丁頓」的火車上，這輛火車就誤點了。*

* 你可能會覺得很諷刺，或是覺得這是同步性。

僵化的要求也是不合邏輯的。當一個準時的人固然好，但僅因為想準時，就嚴格規定連一秒鐘也不能延誤，這不合邏輯。

「要求」對你沒有幫助，相反地，它們只會讓你覺得煩躁，把你搞得一團糟，讓腦袋一團混亂。就算你要求每件事都必須準時，也不能改變生活中總有逼不得已被耽擱的事實，你的要求只會反映出，你無法好好應對這些耽擱狀況。

因此，這些要求並不理性，對你也沒有幫助，它們既不會帶給你正面的心理狀態（反倒是讓你生氣、焦慮、沮喪等），也不會幫助你實現目標。簡而言之，它們會擊垮你，因為它們死板又嚴苛，也不符合常理。

在深入探討失衡的需求之前，先來談談那些不會擊垮你的需求。因為在理性情緒行為療法世界，和你的大腦領域以外，「必須」和「應該」這樣的詞，其實經常被大量使用。

不是所有要求都不好，有些會影響時間、社交、幸福

首先，像是科學定律，這些是基於實證經驗的要求，不會被打破。我最喜歡「萬有引力定律」，它的要求是「往上升的，最後一定會下降」，這條定律不會令你或任何人感到

煩躁，因為這只是陳述事實。在地球上，如果沒有物理學和約四十五萬公斤火箭燃料的幫助，所有上升的東西最後總是會下降。

假設我認識你，我們在和煦的陽光下散步，聊天聊得非常愉快。這時我們經過一個露天咖啡店，我突然驚呼：「天啊！你一定要喝海鹽焦糖瑪奇朵。」

你可能會指責我是嬌生慣養、布爾喬亞的一員，因為我居然知道這樣東西，更不用說還知道它喝起來是什麼味道，而且更嚴重的是，「一定」這個詞出現了。但是，我當然不是要用我的要求勉強任何人，我只是提出一個建議，試試那種特別的咖啡，它還滿討喜的，這才是我的本意。

現在想像一下，你邀請我共進晚餐，但我遲到了，你知道我老早就開車出發，但是期間一直沒有消息，所以你打電話給我。我說：「對不起，剛剛在塞車，但現在不塞了，如果持續暢通的話，應該再二十分鐘左右就會到達。」這裡，要求的字眼又出現了，在這個例子中是「應該」，但同樣地，這個要求並沒有煩擾雙方，因為我只是在預測，如果路上不塞車，我想我很快就能到那裡。

我們還有所謂的理想要求。在理想世界裡，人們不會亂丟垃圾、不會殺人、不會有無家可歸的人，對所有人來說，一切都是公平、平等的。但遺憾的是，我們並不是生活在一個理想世界裡，有人亂扔垃圾、有人殺人，遊民的問題日益嚴重，眼下這個世界既不公平，也不平等。

然而，人們的確會在談話中表達他們的理想，這是非常好的，你沒必要迫不及待地抓住他們說：「啊哈！那是一個僵化的信念，你不可以表達出來。」*

然而，在日常生活中最常見的要求，被稱為「條件要求」——必須先有ABC，XYZ才會發生。假設我和大多數人一樣，搭火車通勤上班，而我又剛好有一個信念：「我做所有事情都必須準時」。但火車不是世上最可靠的東西，它很可能會誤點，現在想像我搭的火車以誤點聞名，加上我需要準時的信念，根本還沒搭上火車，我就會感到焦慮。我很可能為了保險起見，搭早一班車，而每當火車慢下來或停下時，我都很可能會感到焦慮不安。

但是，如果我是為了參加一個重要會議，或是要去下午兩點開始的面試，所以必須準時，那麼這就是條件要求，因為原因很清楚，必須要ABC（準時），XYZ（準時參加重要的會議或面試）才會發生。這是在陳述事實。

生活和其他人都會對你提出很多條件要求，這些要求會影響你的時間、社交、規畫能力，甚至是幸福，但要不要讓這些條件影響你，就取決於你自己了。

總而言之，不會困擾你的要求，包括了實證經驗要求、建議、預測、理想要求和條件要求。**你可以按照自己的意願去提出這些要求，對於別人提出的要求，你也可以選擇要接受多少。**

找出真正困擾你的原因

「一定要」、「絕對不可以」、「應該」、「不應該」、「得要」和「必須」，這些就是所謂的需求，它們是會煩擾你的信念，會導致焦慮和憂鬱等問題，因為它們是死板、不符合現況、不合邏輯且無益的。

討論理性情緒行為療法，以及四種會讓你崩潰的毒性思維時，這些要求正是你需要注意的第一種。在你暴怒背後，藏著對某些東西的要求；在你恐慌發作的背後，藏著對某些東西的要求；在你陷入憂鬱、產生嫉妒，對某事物成癮……這一切的背後，都有對某樣東西的要求。

亞伯．艾里斯說過：「去尋找你的要求。」如果你以自己都不喜歡的方式思考、感覺和行動，但又無法改變，請你去尋找要求。從現在開始，只要你以不理性的方式思考、感覺或行動時，就試著退後一步想想：「我要求的是什麼？」

例如，如果你和伴侶為了誰要洗碗而吵架，因對方缺乏尊重而生氣，你會要求「我的伴侶必須尊重我」；如果你在和老闆說話時，感到焦慮，擔心自己在他們面前像個傻瓜，

＊ 你告訴某人「不可以表達某件事情」，這就是僵化的要求。你也要注意到這件事。

你就會要求「我絕不能在老闆面前，看起來像個傻瓜」；如果你有電梯恐懼症，深怕被困在電梯裡，那麼你的要求就是「我絕對不能被困在電梯裡」。

如果你是要麼不要做，要做就要做到最好的完美主義者，那麼你就是要求一切都要非常完美；如果每當事情超出你的掌控，你就會焦躁失措，那麼你就是要求一切都要在控制中；如果你一想到焦慮兩個字，就開始焦慮，那麼你就是在要求不可以焦慮……這樣的例子可以無窮無盡地講下去，我希望大家已經明白我的意思。

要找出你要求的事情，就試著在這些情況下，找出真正困擾你的原因。比如說，如果你對伴侶或同事生氣，問自己：「我生氣的真正原因，到底是什麼？」如果你對某件事感到沮喪，問自己：「在這個情況下，最讓我沮喪的是什麼？」一旦你找出了最困擾你的事情，就在它上面放上「要求」一詞，你就可以找到不健康的信念了。而且，在你找出不健康信念之後，就可以挑戰它。

很多年前，我第一次在治療課堂中自願當範例，第一次提到我對人群和擁擠空間的「激動情緒」時，正如講師很快辨識出一樣——最讓我憤怒的事是「其他人擋到我的路」。

我真的、真的很不喜歡這種事。讓我生氣的是我的信念，我的要求太過嚴苛，僵化的要求就是我的信念。簡而言之，把我搞垮的想法，就是「別人絕對不能阻礙我」的要求。* 而且我是認真的，別人絕對不能阻礙我，無論何時、何地。

用三個問題挑戰你的信念

在理性情緒行為療法中，我們要學習挑戰自己的信念，包括健康和不健康的。先挑戰不健康的信念，把它們削弱到崩解的地步，然後鞏固健康的信念，一旦不健康的信念崩解，我們就可以用光明燦爛、對我們有益的信念來取代它們。

畢竟，我們的心靈是不喜歡空白的，如果不用健康的信念，去取代不健康的信念，那麼有些同樣不健康的，甚至更糟糕的信念，就會悄悄溜進來。

在理性情緒行為療法中，挑戰你的信念被稱為「反駁」。先前我提過，要求是不符合實際狀況、不合理，對你也沒有幫助的，而反駁這個行為，就是療法中的實際行動。挑戰信念的方法有很多，而「反駁」主要是運用三個問題來挑戰。問題包括：

1.「這個信念是**真實**的嗎？」
2.「這個信念**合理**嗎？」

---

* 這並不是我人生中需要理性情緒行為療法處理的唯一問題，甚至也不是最令人煩擾的問題。不過，在二十多名好奇的同學面前，這是我唯一願意說出的問題。

3.「這個信念對我**有幫助**嗎？」

如果你想用更花俏一點的字眼，則相當於「實證依據」、「邏輯」和「實用主義」。實證依據的意思是，根據觀察或經驗（或是與觀察或經驗有關，可用來證實）；邏輯的意思是，根據邏輯規則、形式論證，或具有清晰、合理特徵的事物；實用主義的意思是，理智而實際地處理事情。

「這個信念是真實的嗎？」這是一個科學問題，它需要證明、需要證據。無論你的答案是「對，這個信念是真實的」，還是「不，這個信念是錯誤的」，你都必須用證據來支持你的答案。

「這個信念合理嗎？」則是要你有合理的推理，或是大量的常識。只因為我認為○○○（某件事情），×××（某個結論）就一定會發生嗎？

最後，「這個信念對我有幫助嗎？」這個問題是三個當中最重要的一個。既然你正在讀這本書，表示你很可能心裡有一個想要治療的目標。所以，你只要問自己：「這個信念，會讓我表現得更理智、符合現況嗎？我的信念能幫我實現這個目標嗎？」

這些問題聽起來很簡單，在某種程度上，確實如此。它們也是非常理性、客觀的問題，直擊問題的核心。而且，正因為它們非常理性，因此也被廣泛使用，並不只在治療中，舉凡數學、科學、哲學、法律，各種辯論，任何人只要有自己的觀點或主張，都可以用這些問題來挑戰。

假設我是一名科學家，剛剛成功完成了一個實驗，這個實驗徹底改變了我們對愛因斯坦相對論的理解，我一定會覺得自己很聰明，對吧？更重要的是，我想把這個實驗記錄下來，並發表在雜誌上，於是，我把實驗結果帶去給同事看。他們最先要求的一定是證據，如果我沒有任何證據或證據有缺陷，那就沒什麼好說的了，但如果我能提供具說服力的證據，那麼就成功跨過了第一個障礙。

接著就可以用下一個問題來挑戰——我的研究合理嗎？從邏輯上來看，研究結果與前提相符嗎？如果答案是否定的，當然不能發表，但如果我的想法從一開始，到最後都很有條理，那麼就又清除了第二個障礙。

最後，就是實用性的問題——這個實驗有幫助嗎？它是根據先前的基礎擴展的嗎？有增加什麼新東西嗎？如果沒有，我就得夾著尾巴回家了，但如果它確實有揭露一些新東西，例如真的超越了愛因斯坦最初的理論，那麼我們就可以放心發表了。

現在，我們把這種思路應用到「要求」上吧。

要求是不真實的，因為會有相反證據

從「我做每件事都必須準時」這個要求來看，這怎麼可能呢？延誤的狀況每天都在上演，火車誤點、公車誤點、客運誤點，由於各種故障或交通壅塞所造成的延誤，甚至是因你最親近的人而造成的延誤。如果你有任何被耽擱的經驗，如果你有過遲到的經驗，那麼「我做每件事都必須準時」的要求就不是真實的，你的延誤、遲到的事實，就是證據。

當我問客戶「每件事都必須準時」是不是真實的，他們總回答我「是」，而且為了支持這個答案，他們還會舉一些例子，例如「我的延誤可能會帶來負面後果」、「我老闆不喜歡我遲到」、「我不喜歡自己遲到」，或是「我一被耽誤就會非常受挫」。其實，這些事情並不能證明「必須準時」是真實的，不過它們確實突顯了你個人喜歡準時的原因。

有些人還會聲稱老闆要求他們必須按時上班，試圖以此證明「我做每件事都必須準時」是真實的。但是，這只顯示你老闆有不健康的教條式要求，或是他們在向你發出一個條件式要求。如果是後者，他們會說你必須準時，否則我會生氣；否則就是浪費時間；否則我要扣你薪水；否則你就要加班等。

你不必為老闆的想法、感受或行為負責，不必對他們持有的信念負責（無論理性與否）。面對老闆的行為，你只需要對自己的想法、感受和行為負責。

如果這是他們對你的教條式要求，這個要求是不真實的；如果是你對自己的教條式要求，同樣也是不真實的——任何人所提出的僵化教條式要求，都不可能是真實的，以下文的例子來說：

我禿頭，我在十八、十九歲的時候開始掉髮，到了二十五歲左右，我就放棄了，索性把頭髮剪得很短。也許就是因為我在我的網站上放了自己的照片，所以多年來，很多年輕的禿頭男性來我這裡接受治療，他們因為沒有頭髮而焦慮沮喪、缺乏自信。

他們當中很多人會在治療室裡喊道：「可是我不應該禿頭啊！我爸不是禿頭，我爺爺也不是，所以我不應該禿頭！」非常遺憾，他們光禿禿的腦袋（頭髮比我還少，而且年紀比我還小）本身就是證據，證明這個要求是不真實的。

實證經驗要求是真實的。以我最喜歡的萬有引力定律為例，「往上升的，最後一定會下降」。如果我把球拋到空中，它一定會掉下來；我把它往上拋一百次或億萬次，它還是每次都會掉下來。我可以告訴你，我上週把它拋到空中，下週再把它拋到空中，它都會掉下來，一定會下降，百分之百。在這個地球上，這是一條不容置疑的定律。

如果你要求尊重，那麼你必須無時無刻，表現出百分之百的尊重。如果你做不到，這要求就不是真實的。如果你要求什麼都在掌控中，那麼你必須能夠證明，無論什麼時候，你對所有事物都有百分之百的控制，也就是說，你的人生裡，完全沒有任何事物是你無法掌控的。你有辦法證明這一點嗎？

你當然可以要求電梯絕對不能卡住，但這並不能阻止它們卡住。而且，如果你曾經乘過電梯，那麼很有可能，在你人生的某個時刻，也會被困在電梯裡。沒有哪一個要求，是不能透過提供相反證據來推翻的。

國家的法律和聖經律法也都不是絕對真實的，他們是有條件的。有一條重要的法律（國家和聖經都有）是，你不可以殺人。如果作為一種要求來看，它不可能是真實的，雖然難過且遺憾，但每天都有人被蓄意謀殺或意外殺害。而法律實際上的意義是，你不可以殺人，否則會被關進監獄。*

要求是不合理的，世界不是這樣運轉的

你知道阿拉丁和神燈的故事嗎？這是一個中東民間故事，也是《一千零一夜》中的故事之一。簡單地說，就是可愛的街頭頑童阿拉丁，在冒險的過程中發現一盞神燈，當他擦拭燈時，出現了一個精靈，並且給阿拉丁三個願望。

「你的願望就是給我的命令。」精靈說。

試想一下，如果你有一盞這樣的神燈，你會許什麼願望呢？

你說：「我想中樂透。」然後，隨著精靈手指輕彈一下，就成真了。你就有很多錢可以揮霍。

你又說：「我想要一輛全新的奧斯頓．馬丁ＤＢ9。」然後精靈馬上又替你實現了，你在高速公路上，踩下光滑性感的金屬油門。

接著你說：「我想準時。」然後又加上一句「每件事都要準時。」精靈彈了一下手指，你站在那裡，充滿安全感的相信，你永遠、永遠不會再被耽擱了。

你能想像從此再也不想要任何東西了嗎？根據個人觀點不同，要麼是完全的天堂，要麼是完全的地獄。但這裡的重點是，世上沒有神燈，沒有精靈，你的願望不是別人的使命必達，你不可能光靠許願就得到你想要的東西，世界不是這樣運轉的。

只因為你想要一樣東西，就說你必須要擁有它，這在邏輯上是說不通的。你可能希望中樂透，但這並不一定表示你非中不可，何況你可能永遠中不了，因為它畢竟是一個碰運氣的遊戲。願望是一回事，但要求是另一回事。從邏輯上講，這兩者是不相關的，它們之間有太多的要素，像是你得先去買彩券。

從剛才的故事來說，你可能希望擁有一輛全新的奧斯頓．馬丁ＤＢ9，但只是因為你希望擁有，並不表示你必須擁有，它們是兩件不同的事情，邏輯上是沒有聯繫的。而且兩者之間又有太多的要素：你能負擔得起押金、每月還款額、保險和固定費用嗎？**

---

* 如果你被抓到的話。

** 如果這本書成為暢銷書，猜猜我會去買什麼？

任何要求都是這樣的，不要忘記，要求只是對渴望某樣事物的僵硬表達。想要準時、喜歡一切在掌控中、希望伴侶給你更多尊重，或希望有比現在更多的頭髮，想要這些都沒有問題，但邏輯上來說，只因為你想要這些東西，並不代表你必須擁有這些東西。

當你懷有一個教條式的要求時，就表示你根本沒展現出周全的、有邏輯的理性。

要求對你沒有幫助，你無法因此變得更好

死板的要求，只會讓你做出對自己和他人都沒有幫助的反應。如果你每件事都要求準時，那麼當你面對不可避免的延誤時，你只會抓狂。你很可能不只會早到，甚至會提早到不理性的程度，像是為了保險起見，提前兩小時抵達。

你可能就像我寫這篇文章時，在火車上看到的那些人一樣，低聲咒罵、斥責列車上的服務人員、在社交媒體上發洩不滿，或對著手機咆哮：「湯姆，對，這種鳥事又發生了。我知道那邊沒有我會一團糟，但你只能自己撐下去了。」*

如果你要考試，你要求自己必須通過考試，那麼你就會把自己搞得很焦慮，睡不好、複習效果也不好，考試表現更差**。

你可能會要求伴侶要更尊重你，但當你得不到時，你只會生氣和大吼大叫，然後就捲入了一場爭執，最終依然沒有人尊重任何人。你可能會要求完美，但你的出發點是害怕失

敗，靠的全是腎上腺素，如果沒有達到目標，你就陷入絕望，對你來說，就是全有全無。還有，如果你要求隨時隨地都要掌控一切，只會把你自己變成一個瘋癲的控制狂，暗地裡害怕變成跟自己媽媽一樣的人。

那個總是讓我發火，認為「別人都不可以阻礙到我」的要求，也不是真實的。發生在我身上的每個例子，像是每個撞到我、踩到我腳的人，無緣無故直挺挺地站在我面前的人，在我要穿過一間繁忙商店的大門時，居然停下腳步站在商店門口聊天的人，或是撞翻我正在喝的飲料、從我身邊笨拙粗魯闖過去的人，這些全部都是證據，證明我的要求不是真實的。

雖然「希望別人不要阻礙我」這想法是完全合理的，但就此推論出所有人都不准阻礙到我，卻很不合理***。雖然這想法很美好，但它一點也不合理。願望是一回事，要求是另一回事。

最後，這個信念對我並沒有幫助，它只讓我生氣、大吼、咒罵、咆哮，甚至還抓住

---

* 這真的是我在火車上看到的狀況。

** 如果你有去考的話，有些人會哭著根本不肯去考試。

*** 但如果可以照我心意的話，我真的比較喜歡這樣——旅行時，都沒有其他人去同一個地方旅行；每當我走進商店，店內都會神奇地空無一人。

人，別人跟我說，那是很不恰當的行為，儘管當下的我覺得那是完全合情合理的。

現在你明白了嗎？教條式的要求是一種僵化的信念，會導致情緒和行為問題，而令你相當煩擾。要求是不真實的，它們不合理，也不能幫助你得到你認為必須得到的事物（事實上，它們反而會讓你更不可能得到）。它們是對某件事渴望的僵硬表達，說到把你擊垮的四種想法時，它們穩居第一位。

有辦法擺脫這種瘋狂情境嗎？你能改變這種不健康的想法嗎？你能糾正這種不健康的要求，用更實用、更有幫助、更理性的要求來替代它嗎？答案是肯定的，但是，我們要到第二章才會討論這一點，因為在各種會把你擊垮的毒性思維中，要求只是冰山一角，我們要先把另外三種不健康的想法說完。下一個是「戲劇化」。

那些抱持著僵化要求的人，也會有誇大事情的傾向。

02 戲劇化：把事情想得很糟

「世事沒有好與壞，是人的想法使然。」

——莎士比亞（Shakespeare），英國文學家

「糟透了」、「噩夢」、「大災難」、「超慘的」和「完蛋了」這類的詞彙，經常出現在你的話語中嗎？如果是的話，現在是時候拋棄它們了。有些人，當他們要求某樣事物時，會習慣把問題「糟糕化」或「災難化」。他們會把遇到的問題，或可能得不到滿足的要求，變成驚天動地的大戲。

在字典裡，「糟糕」是用來描述非常不好或令人不愉快的事物，像是「天氣真是糟糕透了」或「不要去那間餐廳吃東西，那裡的食物簡直糟透了」。它也可以用來強調，某件不愉快或負面事情的程度，例如「你有聽說珍的遭遇嗎？實在是太糟糕了。」

然而，在理性情緒行為療法中，「糟糕」有另一個非常不同的意思。它的意思是，你

把事情想得比實際情況更糟。當你把一件事想得很糟糕時，而且不只是不好而已，而是災難性的、世界末日般的糟糕，「沒有什麼能比這更糟糕」的糟糕，就像你最悲慘的噩夢成真一樣。簡單來說，「糟糕」這個詞在理性情緒行為療法中，意謂著一〇〇%的糟糕。

「把事情想得很糟」這種行為之所以會讓你煩擾，是因為它是對某件事或情況的極端評價，或是對你的要求沒有得到滿足的極端評價。有些人在特定的情況下就會啟動「把事情想得很糟」，例如他們對某事物有特別的要求，像「我做什麼事都必須準時，如果不準時就太糟糕了」。

如果他們遇到的情況跟要求沒什麼關係，或者是要求確實得到了滿足，那麼他們就不會把事情想得很糟，他們會很自然地根據該情況的糟糕程度，做出比較合理的評判。

然而，有些人卻是常態性的，每天都習慣把事情想得很糟。對這些人來說，一切都是噩夢，一切都非常悲慘，一切都是世界末日。也許在你的家庭、社交圈，或是同事當中就有這樣的人。

這種人無論在任何情況下，都會指出最壞的情況，不管你想要表達的想法是關於商業策略、購買新東西，還是度假，他們都會愉快地指出可能出錯的地方。你會不敢跟他們說任何事情，因為害怕他們只會潑你冷水。對「糟糕主義者」來說，生活就是充滿了厄運和悲慘。

這些年來，我的許多客戶承認，或意識到他們就是糟糕主義者，總是想著最壞的情況，如同看到半滿的杯子，就想到只剩下一半的人。在治療室裡，客戶表現得很戲劇化，是意料中的事，但我也有相當特別的能耐，能在治療室以外的地方吸引到這類人。到處都有這類人，但公車站特別容易發生。我不知道他們為什麼找我說話，我又沒有穿印著「治療師」之類字樣的衣服。就在幾週前，這種事又發生了。

那天，我在外面遛狗，突然下起傾盆大雨，我跑到附近一個公車站的雨遮下，那裡已經站了一位老太太。我渾身溼透，狗也是，那位女士看向我，口中發出嘖嘖聲，搖著頭問道：「你見過這種天氣嗎？」

「嗯，有？」我以一種問句的方式回答，以防她指的不是我們在候車亭中，抬頭就能清晰目睹的天氣。

「很糟糕對吧？」她又說，「從沒見過這樣的天氣。」

她說的糟糕，並不是這個詞的字典意義，因為她不是在傳遞評論，而是在誇大這種宿命感，是理性情緒行為療法中的意思。她說這句話的時候，肩膀往下垂，聲音低沉緩慢，這場雨真的很讓她困擾。她重重嘆了口氣。

「呃……」我含糊地說。

但我決定不提昨天的暴雨，或是上週的，或再前一週的，或自遠古以來，幾乎每週都會出現的大雨，因為，這裡的天氣就是這樣。

「太糟糕了。」她又說了一次，然後陷入沉默，我們站在那裡等雨停的時候，一團令人難受的烏雲籠罩著我們倆，而它跟這場傾盆大雨毫無關係。「把事情想得很糟」可以是對話終結者。

對這樣的人來說，每一場大雨都非常糟糕。每一次熱浪、每一次交通堵塞、每一次失約、每一筆帳單和每個負面新聞，都不只是不好而已，而都可能是史上最糟糕的事情。當事情出現問題，就不只是出了問題，而是「毀了」。他們無時無刻都處在失神，或高度緊繃的狀態，你一不小心，可能就會被傳染。

無論在治療室內或以外的地方，在特定的情境或是一般的生活中，人們可以將任何事想得很糟糕——沒得到他們想要的、別人與他們交談的方式、生活如何對待他們等。

當然，「很慘」和「糟糕」這樣的詞是日常對話的一部分，有些人走進房間時會說：「天氣真的很糟糕。」或者「約翰，你看起來糟透了，你還好嗎？」然而這並不會令他們自己（或任何人）感到煩擾。

在理性情緒行為療法中，「糟糕」一詞和類似的詞彙，像是「可怕」、「噩夢」、「毀了」等，只適用於聲稱或相信，某事比實際情況糟糕得多，而讓自己倍感煩擾的人。因為認為事情總在極端的糟糕情況，所以這種人很容易生氣、讓自己抑鬱，或處於一種幾乎不間斷的焦慮中。

以娛樂性藥物為例，很多人吃這種藥物。有些人吃是因為好玩，他們沒有藥物上癮，只是偶爾使用。無論他們選擇的是何種藥物，都只是把它當作娛樂的一小部分而已，他們的生活還包括其他人，和各種豐富多樣的活動。

然而，有些人用藥是為了逃避悲傷和痛苦，他們認為這些是生活中最糟糕的事，於是他們吸毒、酗酒、賭博、性成癮等，排斥其他事物，也可能是因為他們覺得自己沒有擁有其他事物了，而這些人就有藥物上癮的危險。這就是相信某件事會非常糟糕的結果。

事情真的很糟糕嗎？

就像前一節說過的要求一樣，想要對付「覺得事情非常糟糕」的信念也一樣的，我們必須反駁它。我們要把這個信念高舉到理性的光芒旁，問道：「先等一下，這信念是真實的嗎？它真的合理嗎？它能幫助我實現目標嗎？」

我們要先知道，無論是透過觀察還是經驗，是否真有證據支持這種想法。我們要探討這想法背後的合理性（或是缺乏合理性之處），然後看看它是否能幫助你，理性且實際地處理事情，還是恰恰相反。

想想那些禿頭（記住，我就是其中之一），他們當中的許多人會言之鑿鑿地說：「禿頭非常糟糕，我的人生都毀了。」而且，為了證明禿頭很糟糕，他們會舉出一些例子，像「我不喜歡它」、「它讓我少了一些男子氣概」、「我喜歡我的頭髮」、「我再也找不到伴侶」、「人們會評判我」、「掉落的頭髮會堵塞水槽」等。

記住，在理性情緒行為療法中，「糟糕」表示百分之百的糟糕，是你所能想到的最糟糕事。如果這是真實的，就代表你想不出更糟的事了。但事實上你可以，你絕對可以想到許多比禿頭更糟糕的事情。畢竟，沒有人生病，沒有人受傷，沒有人死亡，簡而言之，世界並沒有終結，你只是禿頭，你所能想到的每一件事都比禿頭更糟糕，這就證明了禿頭並不「糟糕」。

然而，患者們提供給我作為證據的例子，確實強調了禿頭並不好，因為來找我的男性們，沒有一個喜歡禿頭，而且禿頭會加強一些負面影響。所以它可能是不好的，也可能會有負面的影響，但是，從邏輯上來說，只因為某件事是不好的，並不能說這件不好的事，就是糟透了的事情。事實上，它們是不同的東西。

「不好」是有程度上的差異，從〇・〇一％到九九・九九九九％。＊任何你能想到的消極和不好的事情，都是發生在這個範圍內。然而「糟糕」的存在是完全獨立的，是根本不存在的、荒謬的一〇〇%以上。如果你不喜歡禿頭，那麼它就存在於你的不好事件量表中，但它並不是在糟糕的地帶。不好是一回事，糟糕是另一回事，完全不同。

相信禿頭很糟糕對你也沒有任何幫助，你只是把事情搞得比實際狀況更糟而已。那些相信這種不可避免的事情，把自己搞到悲慘萬分的人，因為太忙著覺得自己毫無魅力，而往往會忽視那些其實覺得他們有魅力的人，還會花大筆錢在根本沒有效果的治療上。「糟糕」就是把一切都誇大了。

英語中有一些俗語可以清楚地解釋這個過程，像是「把小丘說成大山」和「把危機戲劇化」。「糟糕化」就是這樣，它把問題看成大山，而不是小山丘；它讓每一場危機增添了額外的戲劇性。簡而言之（就像我一個客戶前幾天意識到的那樣），它把你變成了戲劇大王。**

我的一個朋友經常覺得和她媽媽說話很困難，因為她媽媽就是這樣的戲劇女王——史詩般的可怕人物，永無休止的負面評論，對無論是過去發生的、現在上演的，還是可能在將來會發生在她身上的，糟糕的、可怕的、徹頭徹尾的壞事，一刻不停歇地咆哮。

---

* 數學家和統計學家可能不同意這個範圍，但我的意思並不是科學方面的準確度，而是一種比喻，一種用來說明觀點的方法。

** 事實上，是超級無敵戲劇大王，甚至是可以獲得表演獎項的那種程度。

我朋友好不容易有機會插話時，也只能無奈地說一句：「說點好話吧。」她希望自己能做點什麼來打斷她媽媽的思路，或讓她的情緒好一點，但很少能達到她想要的效果。我的朋友花了很多時間，擔心這些負面情緒對媽媽的影響，不僅是她的心理，還包括她的人際關係和整體生活品質。

請注意，當你試圖為自己的戲劇化找理由，當你開始篩選事實，去支持你腦中那「糟糕」的信念是真實的、合理的，或有幫助的（事實上根本不是），當你開始認為所有的事，都比你正在想的事情更糟糕時，請不要再煩擾你自己了，因為它們幾乎不可能發生。我再說一次，它們幾乎不可能發生。因此，我們所要做的就是保持平衡，並意識到你有多誇張。

多年的經驗中，我的很多客戶，當他們公司宣布要裁員時，他們都會很焦慮。他們在沒有任何事實根據下，斷定被裁員的人肯定是他們自己，他們覺得這種事情不應該發生，一切都太糟糕了。接下來，他們開始想像各式各樣的事——被解雇、找不到另一份工作、無法支付帳單或貸款、失去房子、無家可歸等。這一切都是來自於，他們在面對一個含糊的聲明時所產生的信念。

抱持著要求的人，當要求沒被滿足時，並不是所有人都會糟糕化眼前的狀況。你可以帶著某種要求，但不需要以極端的方式，評估不合你意的狀況。但就是有些人會把事情想得很糟，但又堅信自己沒有。

為了分辨這點，你可以想想自己最煩躁不安時的情況，在你最生氣的時候、最焦慮的時候，是不是非常糟糕？想想「那個當下」，而不是「過了之後」。通常，過了之後表示你已經恢復了理性。

有一些人並不認為自己有把事情想得很糟，是因為他們不理解這個詞。我有一個客戶，她堅持自己沒有把事情糟糕化或災難化，尤其是我們正在處理的問題。幾乎每週，在她預約診療的時段中，她都會花好幾分鐘在說與治療主題無關的事，大肆發洩這週中出現的誇張事件和危機。

她最常說的兩句話就是「真的非常糟糕」和「我告訴你，這完全是一場噩夢」。而她這樣就是在誇大，因為「非常糟糕」和「完全是一場噩夢」的意思是一〇〇％的糟糕。

你可能覺得「糟糕化」聽起來不像一個詞，但它確實是。許多年前，我在一個壓力非常大、總被截止日期追著跑的環境中工作，每週都會有某個進行中的專案，在某個時間出現某種問題。而不管什麼時候出了問題，總會有一群人，他們會又憤恨、又嘆氣，大吼著諸如此類的話：「夠了，一切都毀了！」或「徹底完了啦。」他們也常使用「大災難」來描述各式各樣的問題，一週又一週過去，一個個看似大災難的事件接連而來。但是，根本沒有什麼是徹底被搞砸的，也從沒有什麼真的毀了。

這些把事件糟糕化的人會到外面走走，休息一下，喝杯咖啡，抽根菸，而裡面的工作還是照常進行，所有的疑難雜症總會被解決。如果他們能夠偶爾在處理問題時，不要一直說毀了或大災難之類的，那就太好了，但那不是他們的風格。

沒有什麼是糟糕透頂，也沒有什麼是世界末日，你總能想到更糟糕的事情，或被引導去想出更糟糕的事情。如果你不能，我絕對可以想出更糟的事，因為我在這方面有充分的練習。而且，如果我真的做不到（這很罕見），那麼總有其他人可以，因為世界上有很多非常有想像力的人。*

以我對擁擠人群的想法為例，當我要求別人不可以阻礙我的去路時，我也認為被人阻礙是非常糟糕的事。但是，這種想法根本就是不真實的，因為在最擁擠的購物中心，在一年中最繁忙的購物日，在每個人都可能撞到我，絆倒我或被我絆倒的情況下，我還是能想到更糟糕的事情，比如摔斷一條腿、被炒魷魚、被愛人拋棄等。

我不喜歡擁擠人群，不喜歡人們阻礙我的道路，而我也不需要喜歡這些事。但只因為我不喜歡他們，只因為「別人阻礙到我的路」對我而言是不好的事情，在邏輯上也沒有辦法合理的推論出，這是糟糕的事。當然，這對我也沒有幫助，只是把我變成了小題大做的戲劇大王，而且我是非常、非常激動，會大喊大叫、咒罵，會把人推開，會全心反抗這一切的不公平之處，我會不斷地糾結，會像熊一樣咆哮。這讓我害怕美好的事情，像是去音樂會、嘉年華、節慶和外出玩樂。

我也是一個差勁的購物夥伴，很多朋友都可以證明這一點。

壞事也會有好的一面

有些事是有一點不好，像遲到、被人撞到；有些事是相當不好，比如你非常喜歡這份工作卻被解雇，或是被你深愛的人拋棄；而有些事情是非常、非常不好，比如家庭暴力、被搶劫，或目睹創傷性的事件。但是，用理性情緒行為療法的術語來說，這些事仍不算「糟糕」。

不管事情有多壞，你總是能想到更壞的事情，就算只有一件事比它壞，就算只壞了一點點，或只是理論上的更壞，這仍然證明了，你眼前這件不好的事情並不「糟糕」。

這樣說不是為了看清或貶低這個事件、你的經歷或你的感受，它其實是要幫助你繼續前進，把這些事情拋在腦後，繼續過生活。生活的確會丟給你一些可怕的東西，但不管這

* 像是你這個扭曲的小壞蛋。

件事有多可怕，若你不能從它的陰影中走出來，那才更可怕。

去質疑痛苦事件的嚴重性，會播下懷疑的第一顆種子，而這正是你前進的第一步，重新找回你該有的生活。你確實應該繼續前進，無論這件可怕的事情是什麼，你都不應該再被它所控制或局限。再說，如果那件事真的是一〇〇%的糟糕，也就表示你和任何人都無法證明它有任何好處。但是，即使面對最痛苦的情況，你總能找到一些好的證據。

以地震、海嘯、森林大火和颶風*這類的事件為例，災難來臨時，總會有人出手相助，大家會團結起來，會傳出救援和生存的動人故事。所謂「糟糕」根本不能含括這些事情，一〇〇%的糟糕等於沒有任何空間讓好事發生。

美國兒童電視節目主持人「羅傑斯先生」弗雷德．羅傑斯（Fred Rogers，）曾提出一個很好的建議，他說過一句很有名的話：「我小的時候，每次在新聞上看到可怕的事，媽媽就會對我說：『去找那些幫助人的人，你總是能發現很多出手相助的人。』」在災難中，你總能找到一些好人、好事的證據。

對於世界各地的禿頭男人來說，我們可以看看布魯斯．威利和傑森．史塔森多有魅力，不必剪頭髮省下的錢，還有覺得禿頭很性感的民意調查。

至於從壞事中出現的好事，在我寫這本書時，臉書上正好流傳著一個新聞影片。在美國，有一個家庭在度假時遭遇事故，失去了他們的小女兒。對任何家庭來說，這都是一件可怕的事情，是任何父母都不願意經歷的事情。然而令人傷心和遺憾的是，許多人都遭遇過這樣的事。

在這個特殊的例子中，這家人決定捐出女兒的器官。她的器官拯救了許多人的生命、其他孩子的生命，令獲救者的父母感激不盡。在影片中，女孩的父親從麥迪遜騎自行車到佛羅里達，要喚起人們對器官捐贈的關注和支持。在他騎了大約二萬三千公里，到達路易安那州巴頓魯治時，他遇到一個二十一歲的年輕人，他就是獲得她的心臟而活下來的。他們淚流滿面地相擁，父親用聽診器聆聽女兒的心臟在這個男子的胸膛裡跳動。

你會不由自主地被這件事感動，這是個讓人哽咽的時刻。失去心愛的人，尤其是自己的孩子，是件非常、非常不好的事，然而，仍能從中得到一些正向的訊息。

「糟糕」表示你想不出比這更糟糕的事，表示你找不到任何一絲好的證據，它是你對於要求得不到滿足的不健康評價，它通常（但未必）與我們將要討論的下一個不健康信念密切相關。

下一個能把你擊垮的信念，正式名稱是「低挫折容忍度」，這是評估你應對生活中所

＊ 如果你在西北太平洋附近，就叫颱風；如果你在南太平洋或印度洋附近，就叫颶風。「颶風」只適用於大西洋和東北太平洋。在氣象學中，位置決定一切。

有挑戰的能力時，一個相當差的等級。當你的要求得不到滿足，你應對能力的極端評價。

持有這種觀點的人，不相信自己能應付很多事情……。

03 我做不到：低挫折容忍度

「問題不是問題，處理才是問題。」

——維琴尼亞・薩提爾（Virginia Satir），美國社會工作者

這一節都是關於「我做不到」，這種不健康的信念也被稱為「低挫折容忍度」（Low frustration tolerance, LFT），或「我受不了」、「我無法處理那件事」。

先前提過，「糟糕」是對事情惡劣程度的極端評價，更具體地說，是某種要求沒有得到滿足時會有多糟糕。而低挫折容忍度，是對你處理事情能力的極端、不健康的評價，包括處理情緒、生活狀況和其他人，更具體地說，是處理某特定的要求，同樣地，這種要求沒有得到滿足。

以日常用語來看，就是當人們說「我受不了」、「我沒辦法應付這種事」，或「我沒辦法處理」這類的話。

你可以注意一下，環顧四周，仔細傾聽，這週你聽到多少次「我做不到」？你身邊有多少人說過：「我實在應付不了這種狀況。」或「噢，我的天哪，別又來了，我再也受不了了。」

跟其他不健康的信念一樣，「低挫折容忍度」其實也經常在日常對話中出現。比如有些人會說：「天氣很潮溼吧？太潮溼了，這雨再下下去，我就要受不了。」「你見過朱莉的新男友嗎？我受不了那個人。」這種話並不會令人覺得煩擾，只是一種措辭方式。

但是，有些人確實是這個意思，他們真的覺得每件事都讓他們無法忍受，每個人都讓他們難以招架，不管什麼事，只要再多一點他們就受不了。也因此，他們一直處在高壓、憤怒或沮喪的狀態中。

許多年前，我在四處旅行時，曾在土耳其賽普勒斯一家飯店的泳池酒吧，短暫工作過一段時間。經理把我安排在那裡，是因為酒吧銷售額很低，他認為安排一個非土耳其、會說英語的人在酒吧，應該會有所幫助。事實證明，他是對的。

每週一，都會有大量英國人抵達土耳其，住到不同的旅館去。當他們來到我工作的旅館，在酒吧發現我時，就會感嘆地說：「噢，能聽到熟悉的語言真是太好了。」*

因為當時是年底，他們也很高興地告訴我家鄉有多冷。他們會告訴我關於雪、冰和雨的一切是多麼令人難以忍受，能遠離那一切，來到一個陽光明媚的地方是多麼幸福。這種情況持續了四、五天，然後低挫折容忍度就出現了。同樣的人會跟我說：「很熱對吧？實在太熱了，我再也受不了這麼熱的天氣了，再這樣下去我會死掉，實在等不及要回家了。」

我不確定這些人是否感到煩擾，但他們對我的旅行經歷，確實造成了些微的影響。但當人們表現出低挫折容忍度時，自己會感到相當煩擾，他們會經歷不健康的負面情緒，還會以打擊自我的方式行事。

有嚴重「我做不到」症狀的人，是指無法忍受不愉快的感覺、難受的情緒，或不利的情況和事件。低挫折容忍度的人希望事情按照他們所想的方式發展，如果沒有，他們就認為那是無法忍受的。所有的挫折都必須迅速、輕易地解決，如果沒有，他們就會感到非常煩躁、懊惱。

總認為自己做不到的人，也傾向逃避令人沮喪的事，但這只會讓自己更加沮喪，導致更多的逃避。逃避變成他們面對挫折時，一種不健康的應對策略，其他不健康的應對策略也會跟著出現。他們可能會嘗試用酒精、藥物（無論是處方藥或娛樂性藥物），甚至是食物來緩解他們的沮喪。

---

* 儘管他們只在那裡待了五分鐘左右。

很多到我診所來的客戶，他們認為自己有飲酒、藥物，或是飲食不健康的問題，但實際上，酒精、藥物和食物只是輔助工具，當他們感覺無法應付眼前的事時，就用這些來幫助他們。

有一個讓我印象很深刻的客戶，她來找我是因為她覺得自己是個酒鬼，她的朋友和她的伴侶也這麼覺得，所以她的伴侶給她下了最後通牒，要她打電話跟我聯絡。但是，儘管她確實有飲酒問題，但真正的問題並不在於飲酒，她不是酒鬼，但她有控制欲，她是一個對旅行非常不安的人。

她不喜歡任何不在她掌控的情況，因為這會讓她遠離自己的舒適區，為了緩解不安，她就會喝酒。這種控制欲在交通方面特別明顯，她不喜歡坐飛機、不喜歡坐火車，也不喜歡坐長途客運，因為她並不是駕駛或機長，她很討厭把控制權交給別人，所以就開始灌伏特加。

她會開車，但沒錢養車，因此只能依靠大眾交通工具。在大多數旅程中，她都是處在高度焦慮的狀態，為了緩解焦慮，她就喝酒，喝很多、很多酒。她經常搭飛機出差，也經常搭火車和長途客運去看親戚朋友，尤其是她的伴侶。就因為她到達目的地時，通常都是醉醺醺的狀態，所以朋友、家人和伴侶，都認為她有酗酒問題，連她自己也這樣覺得。

但當我們開始深入她控制的信念，研究她對控制的焦慮（低挫折容忍度在這裡占了非常大的部分），並且讓她控制住焦慮感時，她的飲酒模式自然就恢復了正常。當她不再需要酒精來緩解焦慮時，就回到以前的狀態——一個正常的社交飲酒者。

有很多人正在服用贊安諾（Xanax）和 β 受體阻斷劑這類的藥物，因為他們認為自己無法應付焦慮。有些人覺得自己實在無法應付一整天的壓力，所以在一天結束時，他們想喝杯酒舒緩一下，最後卻是整瓶喝完；或是承諾自己只吃一片餅乾就好，卻吞下了一整包。

有些人會自殘，就是認為自己無法處理自己的情緒，或因情緒的強烈程度，已連一般生活都難以招架。

在極端情況下，認為自己無法處理情緒或生活的人，可能會試圖結束自己的生命。他們認為自己僅剩的應對方式，就是採取終極的逃避行為。自殺對所有人來說都是毀滅性的，跟背後的不健康信念一樣。

寫本書時，我和一位當老師的朋友談過，他認為很多學生的情緒和行為問題，都是來自低挫折容忍度。他告訴我，他學生一天會說好幾次「我做不到」和「我沒辦法忍受」。

他們應付不了那麼多作業，無法取得好成績，或壟罩在成績不好的壓力、考試的壓力、受歡迎的需求、不受歡迎的痛苦、社群媒體的霸凌、他們的情緒，甚至是平常生活中的各種瑣事。

這類問題很可能從中學一直延續到大學，因為幾乎每所大學的諮商中心都人滿為患，每個人都說他們無法適應大學生活和學習的壓力。

但低挫折容忍度帶來的傷害，不只是削弱我們的決心和韌性而已。

人類生來就會追求舒適，我們尋求它、喜愛它，我們尋求即時的滿足，來抵禦乏味的事。例如，就算我們希望能在夏天之前，擁有可以在沙灘上展露的好身材，但還是會吃下甜甜圈。

我們寧願吞下不想接受的事物，也不願面對說不的痛苦。簡而言之，我們會為了短期利益而犧牲長期目標。因此，總是搬出「我做不到」的人，會把自己變成享樂主義者、尋求刺激者和只看當下的人。

為什麼人類喜歡簡單的方法，神經科學界有很多種說法，目前還沒有明確的答案，但大多數人都同意這種衝動是與生俱來的。然而，**與生俱來並不等於「無法改變」，頂多就是「很難改變」而已**。

相信自己做不到，是造成壓力的一個重要因素，以至於它幾乎成為了壓力的定義。然而，其實壓力有兩種：好的壓力和壞的壓力。

好的壓力被稱為「良性壓力」。想想你結婚時的興奮，或你很喜愛的一項重要專案的最後期限，或是坐雲霄飛車*。

壞的壓力被稱為「惡性壓力」，但隨著時間累積，這個詞已經簡化為我們一般所說的

「壓力」。

在英國，員工生病和曠工的首要原因就是工作壓力。職業健康和安全管理局（Health and Safety Executive, HSE）對與工作相關的壓力，正式定義為「人們對工作中施加的過度壓力，或其他類型的要求所產生的不良反應」。簡單地說，如果你覺得你可以應付壓力，你所感覺到的就是好的壓力，但如果你覺得你不能應付，你就會經歷壞的壓力。

HSE的定義不僅適用於工作，也適用於任何你能想到的情況，像是讀書、生活、人際、收入、地位……任何你覺得有壓力的地方，任何你覺得在施加壓力給你的人，無論是真實的還是想像的。

壓力是一個廣泛概括的詞彙，它會導致憤怒管理、憂鬱、焦慮、上癮之類的問題。曾經有個客戶來找我，因為她覺得壓力很大，我問她是什麼讓她感到壓力時，她說：「所有事。」我跟她提到低挫折容忍度，先向她講解這個概念，但還沒有針對她的特定需要來深入探討時，她就已經意識到，她幾乎無法忍受所有的人事物，但最無法忍受的，是截止日期和沒有在截止日期前完成工作的人，以及沒有如她預期完成工作的人。

當事情沒有按照她所希望的方式發展時，她就覺得很有壓力，而且是一種她無法忍

＊ 前提是你喜歡坐雲霄飛車，如果你不喜歡而又必須坐上去，就會感受到壞的壓力，很可能還會嘔吐。

受、無法應付的壓力。她意識到，為了緩解這種壓力，她常常會說：「該死的，你趕快把它做完，行嗎？」只是她說的方式不像是聲明或最後通牒，更不像能造成破壞的武器，反而比較像盾牌或護身符。這成了她緩解壓力的一種不健康方式。

工作時是這樣，在家裡也一樣壓力很大，因為儘管她很想說：「該死的，你趕快把它做完，行嗎？」卻不能這麼說，因為她面對的是家人，而不是她的員工。她很快就意識到自己的生活總是充滿挫折，而她那句咒語就意謂著「我做不到」，意謂著她不能應付各種藉口，不信任別人能在期限前完成工作，或不能滿足她苛刻的標準。她無法應付不斷問題卻不繼續做事的人，以及不按照她方式做事的人。

在理性情緒行為療法中，「我做不到」有以下四種：

- 情緒方面：無法處理情緒上的困擾。
- 權利方面：無法忍受不公平或不滿足。
- 不適方面：無法處理困難或煩擾。
- 成就方面：無法忍受目標沒有實現。

人們認為自己無法應付工作、無法忍受某些人、無法應對挫折，無法處理某些情況等。還有些人認為，如果事情沒辦法準時完成，就會受不了。此外，低挫折容忍度還有一個程度比較輕微的親戚，叫做「我不想做」、「做這個好煩、好累」。而且，根據我的經驗，「我應付不了」這個詞有時會偽裝成「真不敢相信」。

拖延的罪魁禍首

如果你是一個拖延型的人，那麼低挫折容忍度很可能就是罪魁禍首。有時候，你明知道這件事情必須做，卻還是拖延，是因為你有「我做不到」的想法。也就是說，你真的覺得你無法處理這件事，不過在多數情況下，只是你的頭腦在告訴你，你不想要現在就去做。

回到前言中提過的那個人，那個想知道為什麼他總是不按時清理魚缸的人。雖然當時講師說的沒錯，沒有人會花一大筆錢找治療師來解決這個問題，但其實答案很簡單，就是他持有一種不健康的信念——「我就是不想做」。因此，他常常拖延清洗魚缸，直到它變得非常、非常髒，或魚的生命受到汙穢物危害為止。

逃避會使我們無法有建設性地處理問題，甚至是根本不去處理問題，像是結束一段關係、辭職等。但是，「我不想做」會讓你失去健康的生活方式，不去處理任何你認為無聊、困難、需要花費時間、付出更多努力的事情。

我在倫敦工作時，每一年都會看到這種狀況，很多學生會讓冗長的文獻，像是論文和研究資料堆積如山，而不去處理。的確，論文很無聊，你必須坐在書桌前，閱讀枯燥乏味的書籍和研究報告。它們的最後期限通常會在夏季的尾聲，這表示你的春天和夏天都要工作，但這幾個月通常是最有趣的。寒冬過去了，生命開始綻放，白天漸漸變長，外頭總有好玩的事情。熬過漫長枯燥的冬天之後，誰不想好好玩一玩呢？

相比之下，閱讀、研究和寫作，實在是無聊乏味，它需要努力、需要犧牲，你一點也不想做。你答應自己會做，但是電話鈴響了，有人打電話來約你出去玩，於是你就答應了，跟自己說明天或週末再做，最晚下週再做。

或者，有時你確實坐下來讀書了，但沒多久就感到無聊，然後去做其他事，找理由說這些是有建設性的事，但其實只是一些簡單、無關緊要的事，比如打掃廚房或整理房間。房子現在一塵不染了，但論文還沒有完成，而且突然之間，截止日期就迫在眉睫了，然後你坐在我的面前，哭喪著臉：「我不知道為什麼我老是這樣。」原因就在於低挫折容忍度。

在我的經驗中，「難以置信」這個詞，有時也是低挫折容忍度的信念，我有過許多這樣的客戶。有時候，發生了某件非常可怕或令人震驚的事，或是某人做了一些非常不可思議的事。他們就卡住了，他們「難以置信」，不能接受眼前的事。他們會說：「我不敢相信他會那樣做」或「我不敢相信發生了那種事」，這只是「我無法應付這個事實」的另一種說法而已。

我不能應付、我不能忍受、我現在不能處理、我不想做、這是難以置信的，這些全都是低挫折容忍度的信念。他們會煩擾你，會引起非常糟糕的情緒和行為，而且對實現你的目標一點幫助也沒有。

改變「可是」的順序

在我們繼續討論低挫折容忍度前，先來看你的那些「可是」，以及如何翻轉它們。這並不屬於理性情緒行為療法的技巧，但是如果你對挫折的容忍度極低，這方法會非常有效。

現在假設你加入了一家健身房，你想好好鍛鍊身體，但是每天晚上下班回家時，你都說：「我很想去健身房，但是太累了」所以就不去了，或者，你在節食，但總是會有人生日或週年紀念日，帶來蛋糕或巧克力，甚至兩種都有。「我知道我要減肥，但我真的很喜歡這蛋糕的樣子。」說完，你就吃下了蛋糕。每次都這樣。

問題就在於「但是」及後面的行為。在第一個例子裡，你的注意力不是在健身房，而是在感覺疲倦上，所以你不去健身房；而在第二個例子裡，你的重點不是減肥，而是在蛋糕上，所以你吃了它。

但是，如果你下班回到家後說：「我知道我很累，但我真的想要去健身房。」會發生什麼事呢？如果某個同事帶來一個，看起來鬆軟可口的生日蛋糕，而你說：「我知道我喜歡這個蛋糕的樣子，但我真的很想減肥。」你會怎麼做？

你很可能會去健身房、對蛋糕說「不」，因為你把「但是」前後的內容翻轉過來，把重點放在你真正想要的東西上。

我的一位客戶，在我教他理性情緒行為療法的基礎知識，以及要求和偏好的區別後，他有了一個驚人的發現。在他工作的地方，甜甜圈、巧克力和餅乾是大家的最愛，而他的目標是對這三樣東西都說「不」。接下來，有人拿著一盒甜甜圈進來時，他注意到，每個說「我真的不應該吃，但它們看起來實在很可愛」的人，都吃了至少一個甜甜圈。但有一個人說：「我想吃一個，但我正在維持身材。」那人說了「不」，沒有拿甜甜圈。

這週，翻轉你的「但是」。我不能給你任何保證，但你會發現你將有無限可能。

你不是真的受不了

接下來是反駁，就像先前不健康的信念一樣，你說的「我做不到」沒有一個是真實的，沒有一個是合理的，也沒有一個對你有幫助。

我只問你幾個簡單的問題，你死了嗎？你已經不存在了嗎？難道你是在陰間讀這本書嗎？答案當然是「不」。如果答案不是這樣，那麼就是我入錯行了，我應該要轉行為專業靈媒。

如果你還活著，那麼你說不能忍受或應付不了，就不可能是真實的。想想「我受不了」這句話是什麼意思，如果你真的不能忍受某件事，你會死掉，它會奪走你的性命，你將不復存在。

對於不相信我的人，我們就拿龍蝦為例吧。你吃過龍蝦嗎？你知道通常是怎麼煮龍蝦的嗎？它被活生生地撈起來，丟進一鍋滾燙的熱水中。這個過程會讓牠喪命，因為龍蝦不能忍受待在沸水裡。當然你也不能，如果我們把你當成龍蝦一樣對待，雖然我不敢說你是否會像龍蝦一樣美味多汁，但我知道你絕對受不了待在沸水裡，你會死。這就是「我不能忍受」的字面意思。

你的存在，就是否定這個事實的證據，你還在生活、呼吸、行走、交談，就證明了

「我不能忍受」是不真實的。所以，想想所有你說不能忍受的事，然後用你還活著來反駁它們。你已經挺過去了，將來還是一樣可以挺過去。

「我無法忍受不準時」這個信念是不真實的，因為就算耽擱了，但你並沒有死，最終還是到達目的地。當然，你可能錯過會議，或不得不加班，這些事可能會讓你這一天過得很痛苦。但是，痛苦並不會要你的命。

我週四的行程經常被耽擱，因為我要搭火車往返倫敦，但我的生活還在繼續，我忍受著*。也許你的生活，並沒有像你希望的那麼順利圓滿。這種事一定會發生。我們在處理事情時，不可能總是稱心如意，如果你感到憤怒、焦慮、沮喪，甚至是把酒精或贊安諾當作一種應對方式，我應該可以合理推論，你沒有處理得非常得心應手，你覺得它們很困難、很有挑戰性、令人沮喪。然而，縱然你覺得困難，但從邏輯上來說，表示你確實可以忍受，你可以應付得了。

回到準時，如果你說：「我為自己的守時感到自豪，所以如果不能每件事都準時，對我來說是一種挑戰。」「如果不能每件事都準時，會為我的生活帶來嚴重困擾。」這樣是很合理的。但如果你說：「我不能忍受不準時，因為我不喜歡那樣。」這樣說就完全不合理了。

「我覺得這件事很難」是合理的，「因此我無法忍受」就不合理了，它們是不同的兩件事，無法從其中一個，導出另一個。如果這個說法合理的話，從邏輯上來看，這個規則應該可以套用到所有人身上。如果人類不能容忍拖延，我們就不會在這裡，我們會滅絕；我們說不定依然在海裡，盯著陸地看，心想：「我覺得那看起來不太對勁。」人類每天都在忍受逆境，這就是我們成長和發展的方式，變得更有韌性的方式。

相信你無法應付、無法忍受某樣事物，對你當然沒有幫助。它會導致心理障礙，剝奪你的韌性，讓你失去力量，讓你變得軟弱，讓你無法使用理性的應對策略，像是「繼續下去」或「解決問題」，它會讓不健康的應對策略悄悄出現，像是逃避和拖延，或酗酒和吸毒。在極端情況下，它會讓你考慮、計畫，甚至真的自殺。

認為自己無法忍受不準時的人，通常會提前赴約。我的一位客戶，對守時有一點執著，她和我約定面談時，總是到得很早，以至於她必須到附近的咖啡店去喝幾杯咖啡，打發等待的時間。在我們的療程中，她總是非常緊張不安，經常需要去上廁所。

正在讀這本書的你，就算你的每一句話都會有「我受不了……」，但你實際上還是活下來了。你已經挺過了每一個困難和挑戰，這可是百分之百的成功率，不是很棒嗎？

據我所知，我在旅館酒吧遇到的每一個度假者都活著回家了，而且十之八九還會繼續

---

* 不只是「還活著」，還要「有耐性地忍受著」。

預訂未來的陽光假期，即使他們在旅行的五天內，就說自己無法應付。

所以，丟掉「我做不到」吧，讓這類的句子不再出現在你的話語中、思想中，也不會成為你信念的一部分。除非，你把它用在某個真的會殺死你的東西上*。

回到我對擁擠人群的信念上，我是否認為有人阻礙到我是不可忍受的，這是我無法應付的事情呢？當然。我說：「我不能忍受別人阻礙我。」事實上，這可能是我最根深柢固的信念了，對我來說，人群是絕對無法忍受的。但這並不是真實的，我並不會因為有人擋到我的路而死。那些撞到我、絆到我，或在我面前突然停下來的人，都不會讓我喪命。

我確實覺得充滿人的擁擠地區讓我難以應付，但只因為我覺得這很困難，就下結論說它是無法忍受的，這一點也不合理。如果這合理的話，那麼合乎邏輯的結論應該是，人們阻礙到彼此的去路，是一件會導致滅絕的事。

當然，相信這種誇張的想法，對我一點幫助也沒有。因為這個信念，我會盡量避開擁擠的地方，甚至是我真的很想去的、令人愉快的地方。如果我真的處在一個擁擠的地方，或認為這是一個我想要好好享受的地方，我的脾氣就會變得非常暴躁。而且，它經常會引起淚水和恐懼的尖叫聲**。

反駁也適用在「我做不到」的相似詞彙上，像是「我沒辦法做」和「我不敢相信」。

「我沒辦法做」是不真實的，如果你成功地去做了一些，你以前不想做的事情，像是去健身房、完成一個專案或論文，你就可以證明「我沒辦法做這些事情」是不正確的。說你不敢相信某件事也是不真實的，不管它有多可怕或多令人震驚，它確實發生了。如果它沒有發生，你就不會處於懷疑的狀態。

說某事很無聊，或你覺得沒有動力去做某事，這是合理的。然而，只因為你很不想做或沒有動力去做，就說你沒辦法做，這就不合理了，從邏輯上講，你不能從前者推論出後者。同樣地，你覺得很難接受某件事，從邏輯上來說，也不能說它是不可相信的。它們是兩個不同的概念，後者並不是從前者延伸而來的。

相信「我沒辦法做」對你當然也沒有幫助，它會導致拖延，不斷推遲你必須做的事情。「我不敢相信」也是沒有助益的，它會讓你卡在一種震驚和懷疑的狀態中。深信「我不敢相信」的人會發現，他們很難從自己說不相信的事情中走出來。

所以，如果你有「我做不到」的問題，也就是「我無法忍受」、低挫折容忍度，或「我沒辦法做」、「我應付不了」、「我不敢相信」，只要記住，它不是真實的、它並不合理，對你沒有幫助。

* 比如說，沸水。
** 而且都不是我的。

了解這些之後，第四個會把你擊垮的想法，也是最頑固、最狡猾、最普遍的想法。持有這種心態的人，會覺得自己和別人都非常、非常糟糕，這可一點也不有趣。

04 貶損羞辱：怪自己、怪別人、怪全世界

「沒有人能讓你感到自卑，除非你允許他們這樣做。」

——愛蓮娜・羅斯福（Eleanor Roosevelt），美國前第一夫人

第四個也是最後一個毒性思考，它真的、真的會讓你崩潰，在煩擾人心的不健康信念四重奏中，第四種最令人心煩意亂，通常會帶來不好的心理結果，而且這種想法會導向三種不同的方向。

當人們要求「必須……」卻得不到時、當事情出錯時，或當生活似乎與他們作對時，他們就會有以下的傾向：一、貶低自己；二、貶低別人；三、貶低整個世界。

在理性情緒行為療法中，貶低自己被稱為「自我譴責」。這樣做的人認為自己是愚蠢、沒有用、無價值、一無是處的失敗者（或各種貶損自己的髒話）。貶低別人就是所謂的「譴責他人」，也就是你傾向把別人看成愚蠢、沒用、無價值、一無是處的失敗者（把

貶損性質的詞彙用來形容他人，而不是自己）。

人們也可以用這些詞來形容整個世界，像是「這世界沒救了」、「生活不好」，或形容生活，像是工作很無聊、人際關係超差，這被稱為「譴責世界」。

它跟「我無法忍受」相似，有時我們並不真的是這個意思。在對話中，人們會說「天哪，我真是個笨蛋」或「你白痴啊」之類的話，但他們並不是真的帶著譴責的意思，不會因為這麼說而感到困擾，有時甚至是以愉快、友好、包容的方式說這些話*。

但我們也可能真的有貶損之意，當我們感到煩擾、不順、生氣、焦慮、沮喪的時候，以及當我們懷有不健康的要求時。在那些時刻，我們確實在譴責與貶低，這些詞彙變成了放諸四海、無所不包的描述詞，使我們不再以其他方式看待自己、他人或某些事物。在這裡，貶低不是一個無害的感嘆，或愉快的玩笑，它已經成為定義一切的特徵。

對某些人來說，這種自我懷疑是比較溫和的，他們覺得自己的行為有點失敗，所以認為自己是失敗者；他們覺得與別人相比，自己比較笨，所以認為自己很笨。但對某些人來說，這種貶損深刻得多，已經成為一種徹底的自我厭惡。這種自我憎恨是大規模的，他們認為自己是徹頭徹尾的失敗者——沒有價值、沒有用處、肥胖、醜陋、愚蠢、一無是處。

這樣的人不僅討厭自己，還會讓自己非常抑鬱，因為認定自己低人一等、一無是處，而總是感到內疚。簡單地說，他們的自尊心已經支離破碎，怎麼會有人這麼憎惡自己呢？

人們會去尋求治療師或諮商師，無論是直接提出，還是隱藏在其他問題中，最常見的問題，就是自尊或自信的問題。我已經記不清有多少人因為這樣的問題來找我，而問題就在「自尊」（self-esteem）這個詞本身。

Esteem 就是尊重、欽佩、重視、相信、評價、判斷和評價某物。這個詞來自拉丁文「aestimare」（估計）。因此「自尊」其實就跟字面意思一樣，你實際上是在評價自己、評估自己。

有些人會高估自己，他們會說：「看看我，我超強的！」但是，讓我們面對現實吧，那些高估自己的人，根本不會來接受治療。在我的執業生涯中，從來沒有人來找我說：「你能幫幫我嗎？我高估了自己，我覺得自己非常了不起，我需要你幫我挫挫銳氣。」**

不會的，大多數人，尤其是接受治療的人，以及更多沒有尋求治療的人，往往都低估自己。有些人對自己的詆毀完全是基於，呃，沒什麼特別的原因。

把自信建立在對自己的評估上，是一件非常危險的事情。

艾里斯說過：「自尊是人們的最大的疾病，因為它是有條件的。」你能運用的東西越

* 在英國，「你這傻蛋」就比較偏向帶著愛意的詞彙。

** 不過，我敢說你一定認識一些，你很希望他們接受治療的人。

多、成功的實例越多、能展示的東西越多，你的自信就會越高；然而，你犯的錯誤越多、搞砸的事情越多、失敗的次數越多，自信就會越低。

問題是，我們會對也會錯，會成功也會失敗，而且幾乎每天都是如此，如果你玩起了自尊評估遊戲，你的自信就會像溜溜球，一下子升、一下子降，完全取決於你得到了什麼、沒有得到什麼。就這樣上上下下、下下上上，不是很累嗎？

此外，說到信心問題時，大多數人都會給自己過度負面的評價，所以當事情變得非常糟糕時，溜溜球就持續處在低點。事情出錯時，人們會給自己一個概括的評級，例如沒通過駕照考試，表示你是個徹底的失敗者；做錯幾件事，表示你這個人完全沒用；把幾段失敗的感情放在心裡，你在愛情上就會突然變成一個徹底的魯蛇；陷入憂鬱，你就會相信自己毫無價值。

人常自己評分，然後輕易判定自己不夠格。我們生活在一個玩評分遊戲的世界裡，無論是學校、工作、電視上、雜誌裡，幾乎無所不在。我們被教導要競爭，要比別人好，要不斷進步，彷彿我們若沒有盡可能過得最好，人生就沒有價值了。

而且，更可悲的是，有些人的家人、朋友，或伴侶，會不斷告訴他們，說他們是垃圾。就這樣一點一滴、日積月累，直到這成為他們唯一相信的、關於自我的形象。

如果你環顧四周，發覺其他人似乎都比你出色得多，於是你就產生了自己不夠格的想法。當你認為自己是個失敗者，你就會覺得自己很弱，什麼都糟透了；如果別人一直對你無禮，那他們一定是混蛋、是白痴，是差勁的人；如果你對自己的工作不滿意，那麼這份工作就完全沒有意義，也沒有任何可取之處，也是一樣爛透了。

回到與準時有關的例子，可能有某個人坐在誤點的火車上，想著：「我做任何事都必須準時，如果不能準時，都是我的錯，我太愚蠢了。」然後讓自己無比焦慮；而另一個人坐在同一列火車上，想著：「我做什麼事都必須準時，如果不能準時，都是列車經理的錯，他是個白痴。」然後對當時值班的列車經理生氣；與此同時，又有另一個人坐在火車上，認為：「我做任何事都必須準時，如果不能準時，都是列車公司的錯，他們根本沒資格拿到經營權。」然後對大環境感到憤怒*。

但是，事情真的是這樣嗎？假設遲到真的是你的錯好了，你就真的只是因為這次遲到，就成為一個毫無價值的失敗者嗎？如果它確實是列車經理、駕駛員，或調度員的錯，或三者都有錯，對他們來說，他們就是失敗者嗎？這全都不是單一面向的問題，不是嗎？

沒有任何事情是只有單一面向的（除了數學），也沒有人是如此，所有人、事、物都是錯綜複雜的。正如臨床心理學家保羅．霍克（Paul Hauck）博士所說，自我是「所有關於

* 但依然可能對值班的列車經理生氣。請同情列車經理，對他們好一點。

你的、可以被評價的東西」*。

注意，他說的是「所有東西」，包括了你的思想、感覺、行為和技能（或缺乏技能），還有你的成就、失敗、身體部位等，也就是你從出生到死亡的一切，包括你曾經做過的和今後將要做的所有事情。

當你這樣看待它的時候，再想一想，根據一、兩個不喜歡的特徵，就對自己進行完全負面的評價，豈不是一點也不公平嗎？

你目前年齡是多少呢？二十二、三十七，還是八十四歲？不管你的年紀有多大，我想知道的是，你能評價到目前為止關於你的每一件事嗎？你能追溯每件事並進行評估嗎？你能拿一張紙，在每個正面的特質前面打勾，在每個負面的特質前面打叉嗎？你可以試試看，但所需的努力將遠比人類基因組計畫更大**。

如果你能證明生活中有過任何一件正面的、成功的事，那麼說自己是一個徹底的失敗者，這就是不真實的。只因為你沒有通過考試，就評價自己是個徹底的失敗者，這是不合理的；只因為你曾在一、兩段感情中失敗，就說自己完全沒有價值，對你也不會有任何幫助，反而會讓你覺得自己更不值得被愛。這些都只需要一個勾，就可以證明是不真實的。

你的人生中只要有任何一件正面的事，就可以證明你不是失敗者、笨蛋，也不是沒用的人。而且你有的勾勾肯定不只一個，每個勾勾都是一個證據。

此外，我們也可以用純粹的、客觀的理性來支持這個論述。我們可以藉由反駁來審查這個觀點，詢問這些貶損的信念是否真實、是否合理，以及對你是否有幫助（答案顯然是沒有）。

自我譴責是不真實的，不可能是真實的。如果把你的技能、成就、資格證書（學術方面、工作上和學校裡的）、你感到自豪的事、你做得好的或做得對的事，全部列成一張清單，這張清單會有什麼？如果你用一連串的勾勾來代表你的成功，會有多少個勾，它們代表了什麼？

如果你手邊有筆和便條紙，現在就可以寫這張清單，只要寫下上面提到的項目，或簡單地在腦中列出一張簡短的清單，勾、再勾，又一個勾。

清單上的項目就是事實，是證據，每一個勾都是一個證據，證明你不可能是一個失敗者，你不可能是沒用的、沒有價值的，更不是一個徹頭徹尾的魯蛇。如果是的話，這張清單上會有任何東西嗎？答案是否定的，勾勾就在那裡，而且還很多。

不管你感覺到什麼，你都有證據可以反對這個信念，證據就明擺在你眼前。現在，你

---

* 他在很多地方都這麼說過，包括《克服評分遊戲》（*Overcoming the Rating Game*）。

** 人類基因組計畫從一九九〇年持續到二〇〇三年，繪製並辨識出人類 DNA 中的幾千個基因。這個計畫有助於根除疾病，使藥物更有效（好的方面），但也可能被武器化，甚至創造出「設計好的人類」（壞的方面）。

的自信心可能很低，以至於很難想出多少東西。沒關係，即使你只能想出一、兩件事，這也足以證明你不是一個徹底的失敗者，不是一個完全愚蠢的人。

以我為例，我過去經常自我譴責，覺得自己像個可憐的魯蛇，因為我深信我就是。我一直認為自己不夠好，過去犯的錯誤讓我變得很沒用，然而我有幾張證書和兩個學位。大學我念的是新聞相關科系，畢業後，在一家著名的雜誌社工作，我從零開始打造了一個成功的治療事業，我喜歡運用理性情緒行為療法和催眠療法，幫助人們擺脫他們的習慣。

我對人和動物都很好，我愛我的狗，我總是在朋友外出度假時，幫他們餵魚。這些都是我清單上的勾勾，一些個人的正面特質。如果我有這些作為證據，又怎麼會是一個徹底的失敗者呢？你呢？在你讀這個篇章時，找到了什麼證據？

許多年前，有個客戶來找我幫他擺脫大麻癮。他的癮頭太過強烈，所以男朋友離開了他，他也失去了工作。他的情況非常糟糕，甚至賣大麻的販子都停止繼續販售給他，告訴他說他需要幫助，這就是他來找我的原因。

他認為自己是一個可悲的失敗者，一個徹底的魯蛇。就連我試著請他說出他擅長的事，一些他個人的正面特質時，他也做不到。他對一切感到沮喪，找不到自己有什麼正面的特質。他憂鬱地說：「我怎麼可能做得到？我太沒用了，連毒販都不肯見我。」

過了一會兒，我說：「我知道一件你擅長的事。」

他懷疑地看著我。

「真的，」我大膽地說，「我知道你有一項過人之處。」

「什麼？」他略帶防衛地問道，「你又不認識我。」

「我敢說你捲菸一定非常厲害。」我說，「我敢打賭，就算刮著十級強風，你也能閉著眼睛捲菸。」

「我真不敢相信你居然會說這個。」他說。

這是一個冒險的舉動，但我已經說出口了：「但是我敢說這是真的，或至少很接近事實吧。」我回答。

「嗯，對啦。」他說，「但我不只如此。」再稍加誘導之後，他開始談論自己在大麻成癮之前擅長的所有事情。**每個人都會犯錯，但這些錯誤不會抹去過去的成就，或阻止未來的成功**。

說你是一個失敗者、你是愚蠢的，或垃圾之類的，一點也不合理。生活本來就會有失敗。你犯了錯、把事情搞錯了，這個世界一定有你不擅長的事。如果你願意，你也可以把這些列一個清單，為自己的各個方面評分。

例如，我不擅長手作或數學，我犯過一些錯誤，有些錯誤很大、非常大，讓人只想把它們藏到地毯下面，當作從來沒有發生過。我失去了著名雜誌社的工作、我不小心傷害過別人、面試失敗、忘記別人是誰、我有時很專橫、我讓人失望……我可以繼續說下去。這些都是我個人特質中的叉叉，負面的我，每個人都有這樣的東西。

現在，如果我跟你說：「我沒有通過駕照考試，所以我是個失敗者。」你會覺得這話很合理嗎？我希望答案是否定的。如果我說：「其實我在說謊，我的駕照考試已經失敗了一百次，這一定表示我是個失敗者。」你會告訴我，這下子我說的話變合理了嗎？希望你的答案仍然是否定的。那麼，什麼答案才是合理的呢？

也許我和我的駕駛教練關係不好，只要換個教練，就改變了結果；或者，也許，我有考試焦慮的問題，只要用理性情緒行為療法，控制我的焦慮，我就能改變結果；又或者，也許我只是需要接受我不擅長開車的事實，也許我不應該開車，必須放棄當計程車司機的目標。但關鍵在於，不擅長開車並不表示我這個人沒用。在某一件事，甚至幾件事上失敗，並不會讓人徹底失敗。從邏輯上來看，兩者沒有互相銜接的關係。

貶低自己對你當然不會有任何幫助，它會使你沮喪、讓你焦慮、侵蝕掉你的自信心，直到你毫無信心為止。它會讓你一直拿自己和別人比較，然後總是感覺自己不夠好。事實上，它什麼用處也沒有，只會煩擾你。

所以，自我譴責是不真實的、不合理，對你也沒有幫助。那譴責別人呢？其他人也不是沒用、愚蠢、毫無價值或爛透了的〇〇〇。

你是這樣，別人當然也是這樣。你可能不太了解他們，也許根本不認識他們，但是每個人的特質裡面都有勾勾。他們都有正向的特質，有技能和資格，他們有優勢和擅長的事情，有愛他們的人，他們可能為別人做過一些好事，也許不是對你，也不是經常做，但他們確實做過。對於另外一個人，如果你能舉出任何正向特質，那麼他們就不可能是完全沒用的人，那種念頭是不真實的。

同樣地，他們跟你一樣也有缺點、弱點和失敗經驗，他們犯過錯誤，也許是對你犯了錯誤，這就是為什麼你會譴責、貶低他們。但是，一次失敗並不會使他們變成徹底的失敗者，一、兩個錯誤也不會使他們一無是處，根據一、兩個或幾個負面特質來認定一個人，是很不合理的。

再說，這對你並沒有幫助。這和他們無關，只跟你有關。譴責他人會煩擾你、讓你生氣、讓你妖魔化對方，你帶著怨氣，它甚至會讓你憎恨、傷害和蔑視你所愛的人。

有一些治療團體，尤其是憤怒管理的團體，會做一個簡單的練習。治療師會帶來一大籃不小的石頭，並要求成員為他們心中的每一個怨恨，撿起一塊石頭。每一個怨恨都要。然後，他們必須將這些石頭放在口袋裡，隨身攜帶一週。你覺得那是什麼感覺？很重，對吧？很有負擔？這就是貶低別人對你造成的影響。你覺得當練習結束時，把石頭重新放回籃子裡，會是什麼感覺？如果你現在就停止貶低別人，今天會是什麼感覺？

最後，是貶低世界。首先，這個世界並不完全是一團糟。有時候你可能會覺得世界很糟，尤其是當你看新聞的時候，但其實並不是，現在想一想，在這個世界上，你很喜歡的三種事物，可以是冰淇淋、彩虹、大象或任何東西。你的工作也一樣，即使你現在非常不喜歡它，但它並不完全是垃圾。想一下你喜歡這份工作的三種事物，可能是它的薪水、好同事，或只是它離家很近。

所以，如果你能為這些事找出正面之處，這些事就不會像你說的那樣毫無用處、都是垃圾。這個世界，你的工作和生活確實有著負面之處，但只因為它們包含著負面之處，就完全否定它們，認定它們是完全負面的，這麼做是不合理的。

同樣地，貶低世界或生活對你沒有幫助。你會對這個世界或工作感到絕望，你會感到煩亂不安，沒辦法好好過日子，但絕大部分情況下，你不會做任何改變。

再看看準時的例子，你說：「我做什麼事都必須準時，如果不能準時，那都是我的錯，我真是個白痴。」或者你可能會說列車經理是個白痴，或聲稱這間列車公司不夠格。

但是，如果你遲到，就是遲到了。這可能是你的責任，也可能不是，但只因為遲到就說自己是白痴，這不是真實的；說經理是白痴（打從一開始就失職）也不是真實的，說列車公司是廢物也不是真實的，因為你可以提出他們的優點。即使遲到是你的錯，即使你做了一件愚蠢的事，但因為你做了一件蠢事就說自己是一個徹頭徹尾的白痴，這一點也不合理。「這是事很蠢」和「我是白痴」是兩件事，從邏輯上講，兩者並不相互銜接。

對經理和列車公司也是如此，這些信念對你都沒有任何幫助。你仍在一列誤點的火車上，你只是在生自己的氣、對經理大吼大叫，或氣沖沖地下車。

回到我對擁擠人群的看法，我有在譴責嗎？肯定有的，但我不是譴責自己，因為我很好、我很正直，我也不是擋到自己去路的人。我也沒有在貶低整個世界，我是在貶低別人，其他人在我看來都是白痴，不只是擋到我的人，而是所有人。在擁擠的環境中，我用懷疑的眼光打量每一個人，因為他們都有可能成為阻礙我的人，或者成為其他人阻礙我的原因。因此，他們都是徹頭徹尾的小混混*。

這當然不是真實的。我確實不認識他們，但從觀察的角度來看，他們至少穿得體面，在火車上、車站裡、售票大廳、節慶等地方走動。他們會說話，所以他們一定有學語言，而且他們應該也都有工作，有一些資格證書，有他們關心的人，也有關心他們的人。他們並不完全是小混混。

只因為他們不幸地阻礙到我的路，就斷定他們是小混混，也不合乎邏輯。就算這完全

* 除了在非常、非常罕見的情況下（這點我必須說得很清楚），我真的撞到或絆倒了別人。那麼，我就會對自己生氣，因為那時我顯然也是個小混混，水準降到跟他們差不多低（雖然只是短暫的）。

是他們的責任，而且他們走路都不看路，做了一些我們都認為很愚蠢的事情，也不能從邏輯上推斷說他們是小混混。最後，這個信念對我沒有幫助，它只是讓我妖魔化和批判別人。當你在批判別人的時候，你很容易對別人生氣，卻很難對別人產生同理心。

貶低是不真實、不合理，也沒有幫助的事。即使你非常討厭自己，即使你覺得自己的存在完全是在浪費資源，即使你覺得你所取得的成就，並沒有減輕這種信念的影響，這仍是一大堆荒謬無益的謊言。

這些貶低應該被一些更有益健康、更和善、更有同理心，和更能接受的東西所取代。接受自我、接受他人、接受生活和它所包含的一切。

生活中的煩擾，大多是自擾

所以，現在你知道了，困擾你的四種想法，是四種不健康的信念。首先是要求，使用「一定要」、「絕對不可以」、「應該」、「不應該」、「得要」和「必須」這類的詞彙；然後是戲劇化信念，也被稱為糟糕化或災難化；還有「我做不到」信念，也被稱為低挫折容忍度；最後，還有一個貶低的信念，也稱為自我譴責、譴責他人，或譴責世界。

需求總是存在的。理性情緒行為療法的說法是，如果你覺得煩擾，就去尋找需求。不是每個人都會誇大的反應，如果你在面對某個特定要求時，突然變得戲劇化，不要理所當然地認為，你在面對另一個要求時，也會這麼誇張。並不是每個人對每種要求都有「我應付不了」的信念。同樣地，不是每個人都有貶低的想法，如果你在面對某個需求時，會產生貶低的想法，並不表示你在面對其他需求時也會這麼做。

如果你感到煩擾，就一定是有需求存在，請去尋找那個需求。其他信念則要根據個別事件的具體情況進行評估。

回到準時。火車上的某個人可能認為：「我做每件事都必須準時，如果我做不到，那就糟糕透了。」而另一個人可能會覺得：「我做每件事都必須準時，如果我做不到，我就無法忍受。」在面對「我做每件事都必須準時」時，有些人則會同時帶著戲劇化，和我無法忍受的信念。

也有一些人可能會認為：「我做每件事都必須準時，如果我做不到，都是我的錯，我就是個白痴。」其他人可能覺得：「我做每件事都必須準時，如果我做不到，都是那該死的經理的錯。」而另一個人可能會認為：「我做每件事都必須準時，如果我做不到，都是列車公司的錯，它真是沒用。」

另外，某些人也可能整套都用上了，也就是：「我做每件事都必須準時，如果我做不到的話，那就太糟糕了，我無法忍受，這都是我的錯，我就是個白痴。」

值得慶幸的是，每一個不健康的信念，都有一個健康和理性的對應信念。你可以有一個願望或需求，但背後的信念可以是理性的；你仍然可以評價事物的壞處，不過是以一種健康的方式；你仍然可以承認挫折並忍受它，但是以一種有助益的方式；你也仍然可以評價自己、他人，或世界的狀況，但要用一種更加善良與關懷的方式。

是時候來看看四種可以停止不健康信念、促進心理健康的想法了。它們會增進你的心理健康，幫助你以更理性的方式思考、感受和行動，會避免你把事情搞砸，阻止你被不健康信念煩擾。

聽起來怎麼樣？

第 2 章

讓想法轉彎的四種理性思考

05 靈活的偏好：不必隨時掌控一切，保有彈性

「智者心智上的靈活性，使他能保持開放的心態，在需要改變的時候，得以重新調整自己。」

——麥爾坎．X（Malcolm X），非裔美國民權運動者

要求是會煩擾你的頑固信念，它們是渴望某事物的僵化表達。說到會讓你困擾的四種想法時，它們排在第一位。要求是不真實的，它們不合理，也不能幫助你得到你堅持要的事物，事實上，它們反而讓你更不可能得到。

那麼，有辦法擺脫這種瘋狂嗎？你能改變這種不健康的想法嗎？你能糾正這種不健康的需求，用更有用、更有幫助、更理性的需求來替代它嗎？答案是絕對可以，向「靈活的偏好」打聲招呼吧。

「偏好」是你在表達自己希望發生什麼事的同時，也接受它不一定會發生的事實。你

陳述你的願望「我比較喜歡○○○」，然後稍微抑制這個需求「但不是非要○○○不可」。表達偏好時，可以使用「我希望」、「我比較喜歡」、「我想要」，或其他類似的話。但是你不能只說這前半段，還必須加上「但是我不一定要擁有它」來抑制這種偏好。

這一點非常重要。如果你只是陳述你的偏好，卻沒有抑制它，時間一久，你就會把它重新變成需求，這是相當危險的，「但是」和它後面的內容，可以防止這種情況發生。

有偏好當然沒問題，每個人對事物本來就會有偏好。我們喜歡去哪裡度假、喜歡吃什麼食物、喜歡別人怎麼對待我們、希望生活過得如何、在某些特定時間想去哪裡、想要達到的目標等，甚至是對於人們靠近我們的距離，在什麼距離內會感覺私人空間受到侵犯＊。

只要我們能維持自己的喜好，就能保持健康的心態。但很可惜，人類有一種生物學傾向，很容易把強烈的偏好轉化為要求。某件事情對我們來說越重要，我們就越容易用「必須」和「絕對不行」來表達。

這通常適用於比較大的範圍，像是尊重、人際關係、成就（或缺乏成就）、生活事件等。我以前常說：「拜託，沒有人會因為一杯咖啡而感到煩擾。」但後來我得停止這麼說，因為真的有人會因為咖啡而感到無比煩躁。

＊ 在這種偏好中，距離會根據對象而有所不同。

我有一個客戶，一個非常嚴格的公司執行長，他非常習慣別人執行他的命令。就算他只是比喻性的說「跳」，底下的人也真的會跳。當他說「用這種方式做」，人們就會按照他說的方式去做。他並不是一個非常不理性的人，只是當老闆後，就成了要求很多的老闆。然而，當說到咖啡時，他就失去了理性。

他喜歡來自某一間連鎖店、某一種特定風格、含有某一種非乳製品植物奶的咖啡，所有細節都有一定的講究，如果沒有符合這些元素中的任何一個，他就會大發脾氣、吼叫、咒罵、踢翻椅子。他不只當下很生氣，之後還感到羞愧和尷尬，再花一大筆錢買巧克力和鮮花去道歉。他說：「我一定要喝我指定的咖啡。工作要照我的方式做，咖啡也必須照我的方式做。」

只不過，在咖啡店裡，他不是執行長，他是顧客，而且是一位非常粗魯的顧客。他的行為並不是遷怒，他在其他方面也沒有壓力（我們確實探索過這一點）。他只是把他作為老闆的要求，擴展到了他不是老闆的領域。

為了能夠在當地的咖啡店裡露面，而不必抱著一大束道歉用的康乃馨*，他必須接受這樣的事實──雖然他喜歡某種特定形式的咖啡，但他不必非得到那樣的咖啡不可。

偏好與要求完全不同，它是靈活且理性的，比要求更加符合實際狀況，帶有偏好很合理，而且可以幫助你實現目標。偏好是通往健康心理的途徑，接受你的偏好，就是解決教條式要求的方法。

喜歡事情在掌控中，這完全沒有問題，只要你接受，你不必隨時隨地掌控一切的事實就好；希望你的伴侶尊重你也很好，只要你接受，他們並不需要也可能不會無時無刻都很尊重你（特別是如果你和他們一樣憤怒和無禮）；希望每件事都很完美，這種想法絕對可以接受，只要你很清楚並不是每件事都能做到頂尖、卓越，至少並不是一直都能如此。

當事情失去控制時，你可能會擔心；當伴侶不尊重你時，你可能會沮喪；當你盡了最大努力，卻沒有達到你設定的目標時，你可能會失望。但是，這些情緒表達都比焦慮、憤怒，或羞愧更加理性。

當你持有某種偏好，在面對逆境或挑戰時，你仍然會有情緒反應，但這種情緒是健康的。它或許仍是負面情緒，但將是理性的情緒。這表示你表現出來的想法、感受和行為也將是理性的，也就是說，將會更符合你的需求，或對你和他人更加有幫助。

例如，如果一個人要求他的伴侶或朋友必須尊重他，那麼當他感到不受尊重時，就很有可能會生氣。這表示他對任何沒有表現出尊重的情況，都可能會大喊大叫、勃然大怒，或強迫別人尊重他們。然而，當你是偏好被尊重，但也接受伴侶或朋友不必尊重你的時

---

* 顯然康乃馨、玫瑰、風信子、鬱金香、鈴蘭和蘭花，都是表達「對不起」的花。

候，你可能會因為不受尊重而感到沮喪，但並不會生氣。你的感覺會不一樣，行為也會跟著不一樣。首先，你的嗓門會小一些，不會吼叫，而且會比較冷靜、比較願意溝通。

而且，奇妙的地方就在這裡，當你提出你喜歡的事物，但同時能接受你不必非擁有它不可時，你就更有可能得到它。雖然不保證，但可能性大很多。

記得我說過，如果你要求自己必須通過考試，你可能會讓自己變得很焦慮，複習不好、睡不好，當天沒辦法發揮出最佳實力。那麼，當你認為你很希望通過考試，但也接受你不是非通過考試不可，那麼面對這個考試時，你就會更冷靜。你當然會擔心，但不是焦慮，這樣一來，你的複習和睡眠都會得到改善，然後就能對當天的表現產生正面的影響。

當你希望別人尊重你，但也接受別人並不一定要尊重你時，你思考、感受和行動的方式，反而更有可能得到別人的尊重。當你想要成為最好的，但也接受你不必非如此不可時，你依然會有動力去做好，但你將不必帶著恐懼和失敗的壓力，意思就是，你反而更有可能發揮出最佳狀態。就像前幾天，我診所裡有位客戶說的：「我仍然會督促自己，但不會把自己逼到崩潰邊緣。」當你希望（但不要求）生活更好，但也接受當下的現實，你就把自己從憂鬱中解放出來了，而且你也更有可能採取行動來改善命運。

這種偏好（接受你不是非擁有這項事物不可），意謂著你比較可能獲得正向的情感和行為結果——不僅是對自己，對他人也是如此。

這本書的前兩章，是在邀請你改變看待生活和所有問題的方式。這些關於健康信念的章節，會請你採用一種不同的觀點，來面對生活和生活中的各種問題。

正如十九世紀著名的散文作家、哲學家、詩人和先驗主義者愛默生（Ralph Waldo Emerson）說過的：「所有的生活都是一場實驗。」*當你採納了本節和接下來章節中列出的信念，可能會對結果感到驚訝。有些人一開始會有點害怕，你可能也是這樣，但是你很安全。而且，如果你不喜歡那些結果，你仍可以回到你的舊思維。

但是，留意一下，當你放棄要求而採用靈活的偏好時，你感覺如何？你的行動如何？你的做法有什麼改變？有沒有注意到人們對你的反應有了改變？

更重要的是，你喜歡這些變化嗎？

---

* 先驗論者相信社會及其制度（尤其是政黨和有組織的宗教）敗壞了個人的純潔性。他們聲稱，當人們真正自力更生、獨立自主時，才會處於最佳狀態。出於某種奇怪的原因，政治和宗教都不太喜歡這種哲學。

不是沒原則，而是降低嚴重性

有些人會以聽起來很理性的方式，改變他們的偏好，但實際上根本就不理性。比如說「我希望做所有事情都準時，但我不需要如此。」變成了「我希望做所有事情都準時，但不準時也沒關係。」或「我希望做所有事情都準時，但不準時也無所謂。」

有些人對準時並不執著，就算不準時，他們的人生也不會崩壞；而有些人就是不在乎是否讓你等了一個小時，他們會真的很晚才出現，而且還不會注意到你在生氣。他們會帶著一種迷人的天真說：「嘿！」然後好奇你的臉為什麼又紅又臭（對準時有偏好的人不在此列）。

理性情緒行為療法不會把一個在乎守時的人，變成不在乎守時的人，這既奇怪又適得其反。如果你對準時有些要求，就算你改為「偏好」準時，但如果不能準時，你還是會介意。準時對你來說仍然很重要，因為你喜歡準時，然而，它會變得沒有嚴重到會讓你抓狂。

同樣地，不能準時對你來說還是很重要。不過這同樣是因為你比較喜歡準時，不喜歡遲到，而且遲到可能會帶來負面的後果，但是不會到糟糕的程度。

所以，要小心「沒關係」和「無所謂」，它們不可以存在於你的偏好句中。正確表達偏好的唯一方法，是接受你不必非得到想要的東西不可。

有些人擔心如果採用偏好，他們就會放棄追求夢想，變得懶惰和自滿，或變得意志不堅。這些事都不會發生，不要害怕、不要煩惱，我們會在這本書的「常見問題」解釋。

所以，偏好和需求完全不一樣，它不僅讓你能做自己，也會帶給你良好的心理結果*。

偏好能讓我們更認識自己

先前的章節中，我們用這三個理性問題，來挑戰不健康的信念：

「它是真實的嗎？」

「它合理嗎？」

「它對我有幫助嗎？」

這能清楚顯示出，它們不真實、不合理，也沒幫助。但是，我們也需要以同樣的方式挑戰你的健康信念。你認為這是為什麼呢？為什麼不放過健康的信念呢？為什麼要像挑戰不健康的信念一樣，有效地、理性地、客觀地挑戰它們呢？

* 意思是，你能以你想要的方式，得到更多你想要的東西，而不是以你不想要的方式，得到更多你不想要的東西。

讓我們回到之前科學家的例子。假設那就是我，剛剛我的實驗獲得了大成功，徹底改變了我們對愛因斯坦相對論的理解，我覺得自己真是聰明。

實在是太聰明了，以至於我想把這個實驗記錄下來，並發表在期刊上。所以我把實驗結果拿去給同事看，他們會要求的第一樣東西就是證據，我有證據，可以呈現給他們看。我的實驗非常細緻，他們很滿意我提出的證據。這是我克服的第一個障礙。

下一步就是邏輯性，我的研究合理嗎？我的結論在邏輯上符合前提嗎？如果我能提出這個實驗過程，一步接著一步，全都符合邏輯，那麼離發表就又近了一步。

最後，還有一個實用性的問題。這個實驗有幫助嗎？它確實拓展了之前的東西嗎？它有添加新的東西嗎？假設它都有，它不僅超出了愛因斯坦最初提出的，還徹底推翻了那個理論。那麼，我的同事會很高興，我也很高興，每個人都很高興，這篇研究論文可以發表在期刊裡，大家都有免費香檳喝！

在質疑信念時，這些反駁的問題是絕佳的選擇，不僅可以看到哪些會崩塌，也可以看到哪些經得起嚴格的審查。畢竟，我們不希望你們用一個同樣軟弱低劣、容易崩塌的信念，來取代另一個軟弱低劣、容易崩塌的信念，對吧？所以，讓我們把這種反駁的思考方式套用到偏好上。

讓我們先看「我喜歡準時，但我不是非準時不可」這個健康的信念。在這句子中，你說明了你的偏好，同時否定了你的要求。它是符合現實狀況的，因為它考慮到你是個對守時有一點要求的人，但也承認遲到是可能發生的事情。你確實喜歡準時，這是真實的，但你有時會遲到，這也是真實的。接受儘管你很想準時，但總會有你不能準時的情況，這是很合理的。「我喜歡準時」這個前提，可以很有邏輯地延伸出「但我不必事事都準時」的結論。單獨來看，它們都是合理的陳述，兩者互相連接。在這裡，你的理由是周全的。

這個信念是明智的，它會幫助你以一種更加平靜、有效的方式，處理你在旅途中不可避免的延遲。你不會喜歡遲到（你也不必去喜歡它），因為你就是喜歡準時，但是你可以用理性的方式去處理它。

寫作本文時，我正在另一列火車上，與我之前提到的路線類似，只是這一次是在回程途中，從「倫敦帕丁頓」到「布里斯托寺院草原」。然後，你猜發生了什麼事？火車又誤點了。這種偏好現在對我確實很有幫助，雖然我有點煩悶，但也夠冷靜，可以在面對誤點的當下寫出這些內容。真希望我能對我周圍的一些人說同樣的話。

現在，拿我多年前在課堂上提出的憤怒問題，轉化為健康版本來說：「我希望別人不要阻礙到我，但別人沒有理由絕不能阻礙我。」

這承認了我是什麼樣的人，我絕對不喜歡別人撞到我、碰到我或絆到我。正如我前面所說的，如果能夠隨我的意思，那麼在我進門時，所有的商店和火車站都會神奇地突然空無一人，讓我可以自由自在地購物和上、下班。我會像那些名人一樣，為了能買一件上衣，或安靜地上廁所，就把整家店都包下來。很可惜，我生活在真實世界裡，這世界到處都是人，每個人都在互相阻礙，所有碰撞過我的人都是這一點的證據。

「我希望別人不要阻礙到我，但別人沒有理由絕不能阻礙我。」比「我希望別人不要阻礙到我，所以他們絕不能這麼做。」更符合邏輯。我的偏好是理性的，我接受不必非得到我喜歡的東西不可，也是理性的，因此兩者的邏輯性是貫通的。

而且，如果我真的相信我的偏好，它會對我有幫助。我修改過的信念就曾幫助我，直到今天仍然幫助著我。現在，有人真的擋住我的路或撞到我的時候，我還是會有點沮喪、惱火，甚至煩悶，但我很少生氣了。我能控制自己的情緒，而不是讓情緒來控制我。另外，我也不必再擔心，是否哪一天會有人來打我或逮捕我*。

我現在最嚴重的反應（而且是必須在很短的時間內被撞很多次，我才會這樣）是溫和的諷刺。我會說：「謝謝你這麼做。」「謝謝你擋到我的路。」不過，在大多情況下，當有人撞到我而說「對不起」時，我都是說「沒關係」，就算他們沒跟我道歉我也會這麼說。

我們就是自己的偏好，**偏好是我們真實的一面，幫助我們定義自己，並將自己與他人連結起來**。

我們每天都在傳達自己的喜好。當別人說喜歡某樣東西時，我們大可以假設那是真的。證據並不一定要是事實，也可以是體驗式的。如果我走進旅行社，和專員說我喜歡模里西斯和馬爾地夫，但是專員卻給我看英國馬蓋特和博格諾里吉斯的資料，他們顯然就是無視我對異國度假的偏好，這時我很可能會氣呼呼地離開，而他們就不可能賺到我的錢。

假設你邀請我到家裡吃飯，你提早幾天打電話給我，詢問我對食物的喜好。你問：「你喜歡羊肉還是牛肉？」我選了牛肉，我跟你說我喜歡牛排。然後你又問：「你喜歡太妃糖布丁還是提拉米蘇？」我回答：「噢！我愛太妃糖布丁。」一般來說，牛排和布丁就是你到時會端上桌的料理。你不會質疑我的偏好，而是接受我就是喜歡它們**。

這種偏好對那位買了康乃馨的執行長也很有幫助。據我所知，他再也不需要買跟咖啡有關的道歉花束了。

所以，你明白了，不健康的要求會把你搞得一團糟，它們會引發憤怒、焦慮、憂鬱和許多不健康的負面情緒與無益行為，而靈活的偏好則會幫助你變得更健康快樂。它們對其他人也非常有效，無論是你的父母、伴侶還是孩子們。

令人驚訝的是，當我們不再告訴他人一定要這樣做、絕不能那樣做時，他們反而會變

---

* 當被問到他們是否曾像熊一樣對人咆哮時，沒有人願意回答：「是的，法官大人。」

** 很可惜，這種概念並不適用於兒童。你跟孩子說：「把花椰菜吃掉。」孩子說：「但是我不喜歡花椰菜。」你就會說：「你喜歡。現在把它全吃掉，否則你就不能吃太妃糖布丁了。」

得更友善與合作，因為你只是把某種行為當作一種偏好，提供給他們參考而已。多年來，我有很多客戶把他們叛逆的兒女變成了美好的孩子，辦法就只是說：「好，你不必這麼做，但我希望你能這麼做。」

當然不會總是這樣，有時候，你還是會大吼：「你給我去做，因為我是你媽（爸）！」只是，現在你會比較安心，因為你知道你剛剛發出的是一個條件式的要求——你必須〇〇（照我說的做），否則就會×××（年輕人，你會有大麻煩）。

還有，偏好的好處在於，當人們持有偏好時，他們在表達其他信念時也會更加理性。帶著自己的偏好，也更能在不順遂的時刻保持著洞察力，這將我們帶向下一個健康的信念。

06 保有洞察力：狀況很糟，也要保持客觀

「我不怕暴風雨，因為我在學習駕駛我的船。」

——露意莎．梅．奧爾柯特（Louisa May Alcott），《小婦人》（*Little Women*）作者

你願意看到事物的真實面目，而不誇大它們、不把它們看得比實際情況更糟嗎？不管結果有多可怕，你所處的環境有多糟糕，在逆境中的你是否願意保持客觀？願意嗎？很好，歡迎來到「洞察力」的世界，在理性情緒行為療法中，也被稱為「反糟糕化」。

這聽起來有點像《星際迷航記》（*Star Trek*）中會出現的詞，至少我自己覺得很像*。「艦長，反糟糕化房間失去控制了。現在所有行動都很關鍵，如果再這樣下去，它就會爆

*「Nutrileum」這個字也很像，不久之前，它還只是某洗髮精品牌中一種特定成分的名字。不過，該品牌的發言人稱其為「植物性微粒子油與柔順因子創新協會」。

炸！」

這句話的意思是，除了這裡，沒有什麼是至關重要，沒有什麼能達到爆炸的地步。有了「反糟糕化」，事情永遠不會飆升到那一步。「反糟糕化」是一種健康、理性的評估，針對的是某特定情況，或你的要求沒有得到滿足，或你腦中僵硬、絕對的法則被打破的嚴重程度。

我們要承認的是，在我們的世界裡，壞事確實會發生，當它發生時，你也不太可能喜歡它們。這個世界確實包含著你不喜歡的東西，有時候，你不得不忍受它。這種感覺很不好，但也不是世界末日。沒有什麼是世界末日，除了世界末日本身。

比方說，你工作沒能得到升遷、有人不尊重你、一群人阻礙你的去路、火車不準時，這些都不是好事，尤其當你很想要升職、希望人們尊重你、不喜歡一大群人擋著你的路、很重視守時的時候。但是，你總是可以想到更糟的情況，至少沒有人生病，也沒有人死掉，你還有飯吃，也還有地方可以住。

所以說，「不好」的意思就是不好而已，沒有更糟。

英語中充滿了表達這種信念的俗語：「海上發生的事情會更糟」、「無論是人是鼠，再周密的計畫也很可能出現偏差」、「最黑暗的時刻就在破曉之前」或「餅乾本來就會破碎，人生就是這麼回事」。甚至是「cést la vie」（這就是人生）*，或簡單地說「很衰」。

這所有的句子，從本質上講，都是在表達事物從來沒有看上去那麼糟糕。

反糟糕化就是非常冷靜地告訴你，當你得不到你想要的東西時，或許很不好，但絕對不是你能想到的最糟狀況，或實際上可能發生的最糟狀況。我們每個人的腦海裡都有一堆不好的事，主要是已經發生的事，但也包括可能發生的事。我的「不好事件量表」可能跟你的不一樣，你的量表和你最好的朋友也會不一樣，每個人都不相同。而且這種量表是一個不斷演化的東西，裡面包含的項目，會根據你生活中發生過，或可能發生的好的事，而在這個量表中上下移動。

舉例來說，有些人並不在乎考試不及格，所以這在他們個人的「不好事件量表」中就處於很低的位置，而有些人會認為考試不及格，是一件天崩地裂的事。

你有權利按照自己的意願，來評價事情的惡劣程度，然而，無論你把它放在什麼層級，總能想到比它更糟糕的事情。這樣做，可以讓你在面對所有事件的當下，依然保持著洞察力。

當你帶著反糟糕化主義的信念，隨時能擁有洞察力時，你面對的事情永遠是小丘而不是大山，無論危機是什麼，你都不會增添任何戲劇性。

* 在英語中用的比法語還多。

把事情糟糕化或戲劇化，總是把事情誇大的人，一旦有問題發生，就會像無頭蒼蠅一樣竄來竄去、驚慌失措，擔心這件事會帶來更多可怕的事情。而把事情看得不妙但並不糟糕的人，通常不會擔心，因為這不是什麼大不了的事，或者事情根本還沒發生，就算當事情發生了，他們仍然能專注於解決問題。當你以這種方式看待事物時，生活就能擺脫這種戲劇化的事件了。

聽起來很不錯吧？畢竟，誰不想過沒有戲劇化事件的生活呢？但是，你要怎麼做？怎麼成為那樣的人？當危機發生時，如何避免自己開始批評？

可想而知，又要回到三個理性的反駁問題上。相信某件事情不好，但不到糟糕的程度，不僅可用證據來證明，從邏輯上來看，也明顯更有幫助。尤其是當你的目標是在危難時刻依然保持冷靜，或當身邊的人都驚慌失措，而你依然能保持沉著時。

還記得那些禿頭的男人嗎？「禿頭很糟糕」現在變成了「禿頭不好，但並不糟糕」。

這個信念是真實的。如果你希望自己頭上有更多頭髮，那麼你絕不會喜歡沒有頭髮的情況，所以對你來說，這是一件壞事。頭髮稀少也會帶來負面影響，客戶在治療室裡提出過各式各樣的例子，比如就是不喜歡它、感覺沒有男子氣概、沒辦法吸引喜歡的人、被批評、脫落的頭髮堵塞水槽等，都是禿頭不好的證據，他們不喜歡它（也不必喜歡它）。如果你喜歡的人不喜歡禿頭，然後因為這理由拒絕你，這當然不是一件好事。

這是一件不好的事，所以「禿頭」就會存在於你的不好事件量表中。但是，你可以想到更糟的事，有很多比禿頭「更不好」的事，根據你自己的判斷，它們在你個人的不好事件量表上的位置也不一。你也可以提出它好的一面，例如有很多禿頭但受歡迎的明星，像是布魯斯．威利、傑森．史塔森，或是可以省下去髮廊的錢，所以糟糕並不存在*。

這也是合理的。說禿頭不好是理性的，尤其如果你是喜歡有很多頭髮的人。然而，說它不糟糕也是理性的，即使你是喜歡有很多頭髮的人。從邏輯上來說，可以從一個觀點（禿頭不好）推導出另一個觀點（但是並不糟糕）。

「禿頭不好，但並不糟糕」這個信念會對你有所幫助。首先，你不會再誇大，你會看到事物的本來面目。你會獲得其他的觀點，這些人就不會花大錢治療落髮，而會乾脆地買一個理髮器。他們會學著用其他方案生活，寒冷時戴帽子，炎熱時塗防曬乳。

這些人會平靜地意識到，雖然有些人認為茂盛頭髮很性感，有些人認為禿頭性感，但幾乎每個人都認為快樂和自信才是最性感的，所以，他們會轉而朝向這方面努力。反糟糕化很擅長幫助你找到問題的解決方案。

---

* 不過有很多人說，他們把省下來的剪頭髮錢，花在背部脫毛護理上。基因會拿走某些部位的東西，也會在其他部位多給你一些東西。

在我以前的公司裡，每當事情出錯時，每個人都會大吼著「噩夢！」而總有人會冷靜地看待問題，然後解決問題，讓一切回到正軌，我就是其中之一。但是，我們都有自己的弱點，想必你已經很熟悉我的其中一個弱點了。所以，回到我對人群的看法，但這一次我們要將它理性化：「人們阻礙到我的路很不好，但並不糟糕。」

這個信念是真實的，對我來說絕對如此。即使到了今天，我運用理性情緒行為療法這麼多年後，我仍然不喜歡人群，仍然不喜歡有人擋到我的路，我在擁擠的地方感到受挫，就能證明這一點。同樣重要的是，我不需要去喜歡它們，我不需要努力成為喜歡它們的人。

然而，我能想到很多更不好的事，包括曾發生在我身上的事，當人們阻礙到我的時候，其實並不糟糕，這也是真的。知道我不喜歡人群而且永遠不會喜歡，這些是理性的；得出它不糟糕的結論，同樣是理性的，因此這個信念是合理的——從一點（我不喜歡別人阻礙我）可以得出另一點（別人阻礙到我並不糟糕）。它對我也有幫助，具體地說，它幫助我控制憤怒，看到問題的實際狀況，在我想要或需要的時候，去到擁擠的地方而不會抓狂*。

不過，它還是不能讓我變成一個好的購物夥伴，因為購物也在我個人的不良事件量表中，也就是我不喜歡做，而且也沒打算喜歡的事。

理性信念能增加面對創傷的韌性

當一些創傷性事件發生時，你是可以失去正常狀態的，你可以生氣、憂鬱、焦慮、麻木等。理性情緒行為療法對剛經歷創傷的人來說，不一定是理想的方法。

如前所述，如果你剛剛經歷過，或正在經歷創傷性事件，那麼諮詢會是比較好的開始，讓自己待在一個安全的地方處理情緒，會比較合適。雖然理性會有所幫助，但在處理創傷性事件的過程中，大吼和責罵這個世界也會有所幫助**。雖然本書中列出的健康、理性信念能夠幫助你在面對創傷時，無論是情緒還是生理方面都更有韌性，但在直接面對創傷時，你可以使用「必須」、「絕對不可以」、「糟糕」和「噩夢」。

理性情緒行為療法是「之後」的方法，也就是如果你沒有處理創傷性事件，或沒有從創傷性事件中走出來，你感覺被困住了，幾個月，甚至幾年之後，依然感到生氣、憂鬱、焦慮或內疚，這時就要使用理性情緒行為療法。

如果你告訴一個剛剛失去所愛的人，這不是世界末日，他們很快就會遇到新的人，你

* 讓許多人鬆了口氣。

** 不過，有一種特殊的認知行為療法，叫做創傷聚焦認知行為療法，在臨床上證明是非常有效的。

可能會碰壁*。我有幾位客戶是列車公司的員工，這個行業充滿了壓力和緊張，包括害怕自殺的壓力。說得清楚一些，是指有人會用火車作為結束生命的方式。這就是一個壓力很大的創傷性事件，不僅對當事人的家人，就連列車上的乘客、管理列車的工作人員、必須收拾善後的人，尤其是當時的列車駕駛員，都是很有壓力的事。

然而，對於需要充足時間來療癒和恢復，或是去找治療師幫助他們度過的列車司機來說，總有某幾個人會自己默默承受，在還沒確定身心狀態可以復職前，就重返工作崗位。他們不是沒有人性，也不是沒有同情心，只是設法以一種不打擾自己的方式，來看待所發生的事。

他們說，這是工作的一部分，他們當然希望自己不會遇到這種事，但他們也接受這種事有可能會發生的事實。儘管這種事很不好，但並不是他們所能想到的最糟糕事情。有些人在面對創傷性事件時，確實可以透過保持理性來得到解脫。

關於創傷的討論到此為止，讓我們回到這些信念上。

要想知道自己是否在糟糕化某項要求，可以問自己：「在我最煩躁不安的時候，我會糟糕化事情嗎？我把事情搞得比實際上更糟嗎？」想像自己最煩躁的時刻是很重要的，因為如果你不這樣做，你就會試著提出理性的答案。我們想要的答案，是真正憤怒、真正憂鬱、真正驚慌失措時的你會做的事。因為，雖然每個人都可以很理性，但當我們心中有某個要求時，理性就會悄然離去，自己放長假去了**。

同時，審視你的感覺，看看它們告訴你什麼。如果某件事感覺很糟糕、很可怕或大災難，那麼在這種感覺背後，就是很糟糕、很可怕，或是大災難的信念。

同樣地，如果你找到了一個糟糕化的信念，就要自動假設它背後必定存在一個需求。舉個例子，如果你說：「我老闆跟我說話的方式非常糟糕。」而且你因此感到相當煩躁，你就能自動帶出背後的要求：「老闆不可以那樣跟我說話。」

當你找出了一個要求，就可以把它變成一個偏好。當你找出了一種糟糕化信念時，可以自動假設背後存在著一種要求，接著修改為一種偏好和一種反糟糕化信念，比如：「我希望老闆不要這樣跟我說話，但他們沒有理由絕不能這樣做。他們這樣對我說話很不好，但也不可糟糕。」

---

* 他們一定會把你從聖誕賀卡名單上刪除。

** 而且不會通知你。

很多事沒有想像中嚴重

當你把發生在你身上的壞事，放在不好事件量表上，跟其他不好的事件擺在一起後，請不要再為那些可能發生，但還沒有發生，也不太可能發生的壞事而煩惱了*。

舉個例子，假設你發現身上有個奇怪的腫塊。習慣把事情糟糕化的人，會立即跳到所有最壞的情況——癌症、惡性的、無法手術的、末期。他們可能會搜尋症狀，來確認他們的診斷，然後讓自己更加焦慮。他們會預約看診，在等待的時間裡一直很焦慮。他們不會滿足於醫生的意見，直到做了活體組織切片和診斷才肯罷休。「惡性」和「末期」這兩個詞，仍然會出現在他們的腦海中，更嚴重的是，他們會表現得好像這些已經發生了一樣，並把這些事情加到令他們煩惱的事件清單中。

然而，一個反糟糕化者，會用完全不同的方式看待同樣的腫塊。他們比較可能堅持中立的診斷，像是「我有個腫塊」。他們不會在網路上搜尋症狀，但他們會密切注意身體狀況，可能還會預約醫生。有點擔心是有必要的，但也僅此而已。然後，他們會耐心地等待醫生診斷，也會同意和接受醫生告訴他們的事情。如果聽到「活體組織切片」這個詞，他們可能會再次感到擔心，但他們不會焦慮，因為到目前為止，還沒有什麼可真正擔心的。畢竟，活體組織切片不是診斷結果。

我個人剛好有這樣的經驗。許多年前，我的下唇出現了一個奇怪的藍色腫塊，在嘴唇的內側，而且一直沒有消失。我並不擔心，但我還是去看了醫生。醫生說：「我還是把你轉往專科醫生比較好。」我照做了。專科醫生說：「我們最好做個活體組織切片。」我做了活體組織切片，不過還是不擔心。檢查結果出來後，專科醫生說：「我們最好把那個切除。」到這裡，我的擔心增加了一些，但仍然沒有感到焦慮。

手術前兩天，我先到外科醫生的診間。他問我：「你確定要做這個手術嗎？」這讓我很困惑，這不是一個危險的腫塊，需要盡快移除嗎？答案是否定的。結果發現，那只不過是良性的脂肪腫塊，而且在嘴唇上動手術很麻煩，因為嘴唇溫暖潮溼又敏感，動手術的話會非常疼痛，而且容易再次感染，加上腫塊很可能會復發。同樣地，它也可能會自行消失。

既然如此，我就選擇了順其自然，然後某天醒來，我發現它已經不見了，但我其實沒有太關注它，以至於不能確切地說出它是什麼時候消失的。反糟糕化告訴我們，雖然謹慎是有必要的，但不必焦慮。不過事後看來，我覺得我應該更仔細跟專科醫師諮詢，並且更加關心活體組織切片結果。擔憂是一回事，放任又是另一回事了。

每當有不好的事情發生時，我的一個朋友總是說：「海上發生的事會更糟。」而且他

* 焦慮會讓你擔心很多事情，而其中大部分永遠不會發生。

是認真的，他相當鎮定，這就是行動派的反糟糕化。

我還有另一個朋友，他總是一下有這個災難，一下有那個災難，整個人非常憂鬱和焦慮（也可能同時）。我從未帶她進行過任何正式的治療，因為對你認識的人進行治療是不道德的。不過，我確實會定期灌輸她理性情緒行為療法的觀念，包括通電話、吃午餐、到酒吧喝一、兩杯等。

我質疑她的每一個「糟糕」和「噩夢」，並幫助她看到更健康的選擇。在短短幾個月的時間裡，她說的話都是這樣的：「這是理性情緒行為療法嗎？這就是理性情緒行為療法對吧？我覺得那不怎麼樣，聽起來很蠢。我知道你在做什麼，這對我沒有用啦。你也知道，這是沒用的。」一直到有一天，她走進我們約定碰面的酒吧，一屁股坐下來，我還沒來得及和她打招呼，她就說：「我恨你。」

我露出天使一般純潔無辜的笑容，問道：「為什麼？」

原來她在工作時，因為某種情況而崩潰，但是，就在她的情緒即將爆發時，她想起了我們的對話。她聽見我的聲音說：「這真的那麼可怕嗎？你能想到更糟的事嗎？這和發生在你身上的其他不好事情比起來，有什麼區別呢？」就這樣。這就夠了，她的戲劇性反應減弱了。

我還有一個朋友，儘管我盡了最大努力，他仍然總是把生活糟糕化。儘管我時不時地灌輸一些觀念，他還是會把事情搞得很極端。這個案例讓我們看出，在生活和治療中都同樣真實的事情——雖然遺憾，但你無法幫助所有人。

多年來，人們一直認為世界末日是一件非常糟糕的事，因此這種理性的觀點是有極限的。他們試圖以各種形式，將世界末日描述為一場徹底的失敗，或一種戲劇性的既成事實。

然而，如果你有洞察力，你可以展開一場對話，討論世界可能以哪種方式終結，哪種結局會比另一種結局更糟。有了這樣的洞察力，你也可以證明世界末日會帶來一些好處。如果世界末日會像我們的推論，例如，由於氣候變化和生態系統崩潰，那麼地球將休整幾千年（就像它以前的那幾次一樣），然後又會重新開始。然而，如果是因為一場巨大的災難，導致世界被炸成碎片，那就比較不好了。

但這個世界的化學碎片也有可能穿越浩瀚的太空，最終在一個遠離地球的世界，播下新生命的種子*。所以，即使是世界末日也不糟糕，只是不好的程度不一而已。

反糟糕化是對任何特定情況（或你的要求沒有得到滿足）的不好程度之理性評價，有些事情是不好的，但並不糟糕，這是真實的，很合理，也確實對你有幫助，它能幫助你在

* 這就是所謂的「胚種論」（panspermia），其理論為，地球上的生命起，源於另一個太空飄到這裡的微生物和化學成分。可能來自於另一個世界，而一個世界可能因為當地的無能而被摧毀。

面對任何困難時，依然保持冷靜堅定。有了它，你會獲得一種洞察力，可以看到事物真實的樣子，而不會誇大它們。

當你這樣想的時候，事情只是小丘而不是大山，危機不會被過度誇大，你看到的是事情本來的樣子，它在不好事件量表上，但與你生活中已經發生、正在發生，或可能會發生的所有不好事情相比，真的不會是最糟糕的。

糟糕化讓你陷入困境，無處可去，而反糟糕化讓你看得更遠，穿過不好的事件，從另一邊走出去，要麼接受現狀，要麼找到最終的解決方案。

如果你擅長反糟糕化，就能從容應對所有挑戰和負面事件，就像我那位鎮定自若、「海上發生的事會更糟」的朋友一樣。持有這個信念，將讓你永遠保有洞察力。

但是，要堅持在這個基礎上，好嗎？就像戲劇化一樣，「我做不到」的攻擊也很強烈。有一種健康的選擇，一種看待艱困時期和壓力情境的方式，讓你得以在逆境中堅持下去，所有一切都不會死、不會支離破碎、不會崩潰，也不會消失在狂亂的憤怒中。

07 我做得到：事情很糟，但有韌性做到

「離開舒適圈，人生才真正開始。」

——尼爾．唐納．沃許（Neale Donald Walsch），《與神對話》系列（*Conversations with God series*）作者

相對於低挫折容忍度，我們對挫折的容忍度其實很高（或許並不意外），高挫折容忍度（HFT）也被稱為「如果得不到我想要的，我可能會很難受，但我知道我可以應付這樣的狀況」，又名「這很難處理，但我可以忍受」，有時，就簡單地稱為「韌性」。

不久前，韌性成為壓力管理圈的一個時髦名詞，在企業管理工作場所也是如此。先前，大家還喜歡「建立情緒和心理韌性」和「如何於第三季度保持韌性」這類的標題，作為研討會和專題演講的主題，但這個明星已經有點褪色了，著實令人遺憾。因為無論何時何地，只要有人談論韌性，或情緒或心理耐受度，他們談論的都是高挫折容忍度。而發展

高挫折容忍度是很重要的事，不只在個人身上，連你的心理和人際方面也是。

英語中有一些俗語帶著「我做得到」的意思：「殺不死你的，就會讓你變得更強大」和「當事情變得艱難時，堅強的人會繼續前進」*。我們也有強調這概念的經典曲目，比方說凱莉・克萊森（Kelly Clarkson）的《傷痛只會讓我更強大》〔*Stronger (What Doesn't Kill You)*〕，還有比利・歐辛（Billy Ocean）某些高挫折容忍度的同名歌曲。但是，他們是怎麼做到的呢？當事情變得艱難時，為什麼有些人能勇往直前，而有些人卻崩潰了？

從理性情緒行為療法的角度來看，會崩潰的人相信他們無法應對困難，而沒有崩潰的人相信他們能夠應對困難。這裡需要強調的重點是，事情的發展仍然很艱難，並不會因為你是堅強的人，事情就變得比較簡單。人總會遇到艱難的事情、生活帶來各種挑戰，你經常被帶出舒適區，而這些事情經常是不太愉快的。

有了高挫折容忍度，我們不會否認前進的路上確實有不少坎坷，只是讓你知道你有能力處理它。我們會指出你過去處理過棘手的事，並用它來預測你將來還是會面對棘手的事。

當你受到阻礙無法順利達成目標時，你會感到沮喪；難纏的人就是很難應付；在某件你很想成功的事情上失敗，會相當煎熬；對你偏愛的東西說「不」會讓你很不舒服，像是一瓶你鍾愛的紅酒，或菜單上的甜點，但說「不」不會要了你的命。

既然它沒有殺死你，就是你可以應付的東西。也許你覺得不是如此，但你可以做到。

或許它很困難、充滿挑戰、甚至很激烈，但如果它沒有殺死你，你就可以應付。正如我先前所說的，到目前為止，你已經從生活給你的挑戰中倖存下來。即使你說你無法忍受，你也忍受了。

我有個客戶，是五人團隊的專案經理。但是，他不信任他的團隊會按照他的標準來做事，所以他總是把他們該負責的部分抽出來自己做。這就表示，一、他總是工作到很晚，而他的團隊卻準時下班；二、他實際上做了六個人的工作；三、他非常累、壓力很大，對他的團隊和他們不支持他感到憤恨不滿。

我問他為什麼不把責任交還給團隊，讓他們繼續做該做的事，他說：「不行，我受不了。」因此，我們審視了他的挫折容忍度，把他的信念改為：「我想自己做，但我不需要自己做，我覺得把工作交回給他們很困難，但我知道我能忍受。」我們讓他把專案內容交還給那些負責的人，然後忍受信任團隊帶來的失望，以及他們做不到他想要的結果時，所帶來的沮喪。

就在他這麼做之後，令人驚訝的事情發生了＊＊。他團隊的生產力提高，工作品質也提

＊我個人最喜歡的是「那些殺不死你的，會給你病態的幽默感和古怪的應對策略」。其中一些應對策略，你可能會想用理性情緒行為療法研究一下；有些你可能會接受，把它們當成你的一部分；有些儘管有點古怪，但你還滿喜歡的。

＊＊好吧，對他來說很驚訝，但我並不驚訝。

高了。

他先前無意中教導團隊的是，無論他們做了什麼或沒做什麼，他都會從他們的手中拿走他們的工作，替他們完成。因此，他們學會了把事隨便做一做就好，反正之後也不需要再做一樣的事。當他開始把工作交回去，並要求他們按照規格完成工作，就算加班也要做，團隊的態度就徹底改變了。

很少人喜歡工作到很晚，尤其是做他們已經做過的事情。更重要的是，我的客戶學會了信任他的團隊，更能將責任放給他們，且能按時回家，提高他的生活品質。

相信某些事很不容易，但可以忍受，這是真實的。無論是某個人、截止日期，還是一份要求很高的工作，你的壓力、焦慮、憂鬱和不健康的應對策略，都是它很困難的證明，但事實是，就算你沒有把它處理得如你理想中的那樣好，你也還是活著，這就證明你可以忍受它。

說你覺得某件事情很困難、具有挑戰性、令人沮喪或很有壓力，這是合理的；說你能處理、應付和承受這個挑戰或困難，也是合理的。因此從邏輯上來看，兩者是說得通的。

最後，相信某些事情很困難但可以忍受，相信你可以應對挑戰和逆境，對你是有幫助的。它會讓你得到力量、鼓勵你，讓你堅持下去。簡而言之，做下去就對了，那些最有效的方式就會成為你的應對策略。你就是自己的應對策略，因為你變得有韌性，足以應付莎士比亞所說的「命運的暴虐之箭」。你將擁有你所需要的所有情緒和心理韌性。

就拿我現在對人群的健康信念來說：「當別人阻礙到我的時候，我覺得很難受，但我知道我能忍受。」這個信念是正確的。我確實覺得很難受，有些人就不會，他們不介意人群擁擠，也絲毫不介意被撞到*。

但是，我不是那樣的人。直到今天，我還是覺得擁擠的地方有點煩人。雖然我不再低聲抱怨、大叫、像熊一樣咆哮或把人推到一邊，但我也不是完全的冷靜鎮定。當有人真的撞到我或絆到我時，我還是覺得很受挫。這就是我，這就是真實的狀況。

不過，我能忍受被人撞到的難受，它沒有殺死我，我不會在憤怒的瞬間化為煙塵消失，這也是真實的。說我覺得這很難受是合理的，說我能解決困難也是同樣合理。而且，從邏輯上來看，兩個句子的連結很順暢。

這些年來，相信這點，對我真的非常有幫助。我可以冒險到擁擠的地方，如果我想要或需要，也可以忍受到購物中心去。如果我避開尖峰時間，只是因為我可以，而且這是明智的做法，但我也知道，如果在尖峰時間把我放到那裡，我不會生氣。我做得到，我開心，我的朋友們開心，撞到我的人也開心。他們說：「對不起。」我回答：「沒關係。」

---

* 這些怪人。

而且，知道你能應付某件事，並不代表當你不想應付它時，還是必須應付它，這是一件好事。我有很多客戶是因為壓力而暫時停職，他們來找我，最後帶著健康的信念回到工作崗位，並意識到，雖然他們確實能夠應對當前工作的壓力，但他們沒有必要這樣做。更重要的是，他們不想這樣做。然後，他們做出了非常理性的決定，去尋找另一份壓力小很多的工作。

因為不相信自己做得到而不去做，和只是因為不想做而不去做，這兩者是完全不同的。我已經證明了我可以應付擋路的人，但我還是會盡量避開他們。有了這種就算別人阻礙到我，我也不生氣的新做法，我就自由了。我可以自由選擇，如果我想去或需要去擁擠的地方，可以自由前往，但同樣可以選擇不去。尤其是當我既不想也不需要去的時候。

但是那些不可避免的、別無選擇的事情，又該怎麼辦呢？

好吧，這又回到了禿頭男人的例子上。他們確實認為禿頭是無法忍受的，所以我們花了大把心力為他們打造健康的、高挫折忍受度的替代信念：「我覺得禿頭很難受，但我知道我能忍受。」這個信念對他們來說是真實的。他們確實覺得很難受，他們的憂鬱、焦慮、不安全感，還有只能梳一種髮型，不能經常變化時尚髮型的哀傷，都是證明。但是，他們還活著，這也是事實，而且通常還會在我的辦公室裡抱怨頭髮變少，從來沒有人因禿頭而死*。

說他們覺得很難受是合理的，說他們可以忍受禿頭的難受也是合理的。從邏輯上講，這兩個信念的連結是說得通的。雄性禿（這是最常見的掉髮類型）通常開始於三十歲前後，到五十歲以前，會影響到大約一半的男性，因此相信禿頭可以忍受是絕對合理的，否則男性人口將會定期地大量減少。

而且這信念真的很有幫助。它幫助這些男性擺脫憂鬱、控制焦慮、找回自信、感到更有安全感、相信自己，如果是單身，還會出去找伴侶，有伴侶的人不再擔心另一伴會因此離開他們，還有，不必再花費數萬元，在落髮藥物跟其他類似產品上。

在這個世界上你唯一不能忍受的，就是那些會讓你喪命的東西。如果它沒有殺死你，就代表你可以忍受，不管它有多困難。禿頭並不會要你的命，但如果有人因為想拿你頭裡面的金子，而敲破你的頭，那就是另一回事了。*

再說，不管它是什麼，也不管它有多困難，它都不會永遠持續下去。「我做得到」還有另外一個表達方式——一切都會過去。這不只是令人尊敬的明智洞見，也是一種強烈的提醒，即到目前為止，你們已經挺過了生活丟給你們的所有東西。

---

* 除了二〇一七年，莫三比克的一連串離奇死亡事件，有些禿頭男子被殺，原因是人們認為他們的腦袋裡含有黃金。這是真實事件。但在這裡，他們並不是死於禿頭，而是別人謀殺了他們。

我們必須承認，禿頭是一輩子的事，但禿頭引起的憂鬱不必伴你一生。日本作家村上春樹曾說過一句名言：「痛是難免的，苦卻是甘願的。」當你相信自己無法忍受某件事時，你就會因不可避免的事情而苦，但當你認為某件事很難卻可以忍受時，這些不可避免的事情所帶給你的痛苦，可能就只剩下一點點，或根本不覺得痛苦。更重要的是，你將以堅韌的精神度過難關。

「我做得到」的概念，同樣適用於那些在「低挫折容忍度」章節中提到的相關詞彙。在這裡，「我不願意做」變成了「我覺得這件事很無聊、令人厭煩，但是我知道我能忍受」；而「真不敢相信」變成了「雖然我覺得這些訊息很難接受，但我可以相信」。再說一次，這些信念是真實的、合理的、對你有幫助。

事情當然可以是無聊乏味的，雖然有少數喜歡認真鑽研論文的學生，但更多學生寧願去酒吧；雖然有認真負責放不下專案的經理人，不過更多經理人寧願待在家裡看電視。做家務很無聊，洗車和清魚缸一樣很乏味，生活充滿了單調，但單調不會要你的命，不管人們怎麼說，沒有人會因為無聊而死。

如果你以前做過一件無聊的事情，就可以一次又一次地繼續做這件事，因此，說你會感到很煩是真實的。說某事無聊是合理的，說你去做那些無聊的事會感到煩也是合理的，從邏輯上來說，一個陳述可以引出另一個陳述。

這個信念對你有幫助，它會幫助你及時開始，它會幫助你一步一腳印地處理事情。它會幫助你按時開始一項任務或專案，而不是等到最後期限已經迫在眉睫，才讓壓力成為你開始的動力。

順便說一句，如果你搜尋「有沒有人死於……」，那麼「無聊」會出現在搜尋的前幾項。科學對這個主題有明確的看法，事實上人們不是死於無聊，而是死於無聊所催生的不健康生活方式。

這讓我們回到了「翻轉但是」。如果你說：「我很無聊，但我願意去健身房。」或「我覺得做飯很乏味，但我願意用新鮮的食材來烹飪。」那麼會發生什麼事呢？健康的生活方式就會出現了。

這和「我不敢相信」一樣，有些事情可能很難理解，但你可以相信。而且，如果事情都發生了，那就是真的。事情發生是事實，而從經驗上來說，你也可以證明你的頭腦很難接受。說你覺得某件事很難理解是合理的，但是相信你可以信任它也是合理的，所以邏輯上沒有銜接問題。

這信念對你絕對有幫助，因為你就能更快接受發生了什麼事，如果這是一件你需要時間復原的事情（無論是身體上還是心理上），你都能更快開始恢復的過程。

當你認為某件事很困難，但你做得到；當你相信你可以處理無聊的事情；當你承認了某件令人震驚的事件並接受它，生活就會變得容易很多。這是因為你變得更強大、更有韌性了。

記住，低挫折容忍度剝奪了健康的應對策略，並允許不健康的應對策略悄然而至（比如逃避、酒精、毒品等）。當你擁有高挫折容忍度的信念時，你就是自己的健康應對策略。

也許你會放手，因為打從一開始它就不值得你為它感到壓力；也許你會更常準時回家，因為這只是工作，就算放到明天早上它也還在；也許你會去健身房，而不是去酒吧；也許你會和朋友出去，而不是獨自坐在黑漆漆的家裡，感到精疲力竭；也許你會乾脆把頭髮剃掉，公然地、毫不遮掩地露出光頭。誰知道呢？但是，無論你決定怎麼應對，它都是適合你的。

我有時候會想，如果大學學生在入學時就已經帶著這些信念：一、沒有什麼是世界末日，二、他們能夠應付學生生活中遇到的任何問題，那麼，輔導諮商中心會是什麼樣子呢？同樣地，我也會想，如果所有勞工都抱持著這些信念，我們是否還會是已發展國家中，工作壓力最大的國家。

我知道理性情緒行為療法幫助了很多學生處理學校事務，它也幫助了許多因生病而暫時停職的人，回到了原來的工作崗位。

但這並不表示你必須堅守那些你不想應對的情況和人，這樣做既不健康也沒有治療效果。這是因為，有時不要做你不想做的事，才是一種健康的應對策略，若因認為自己無法應付而不斷逃避，永遠都是一種不健康的應對策略。

正如我之前提到的，我間接幫助客戶找了新工作，因為他們重新回到工作之後，意識到雖然他們可以應付工作拋給他們的問題，但任何有理智的人都不會願意這樣做，因此他們改為從事不會過度占用時間的工作*。

當那位「該死的，你趕快把它做完，行嗎？」女士，從「當人們不按我希望的方式做事時，我就會受不了」，變成「當人們不按照我希望的方式做事時，我會覺得很不舒服，但我知道我能忍受」，她的工作和家庭生活變得更加輕鬆愉快，不僅是她自己，她的同事和家人也是如此。因為剛開始，她咒罵的次數就明顯減少了。

在本書後面的章節中，你會發現，如果使用得當，咒罵可以是一種很好的減壓方式，也是理性思考的絕佳輔助品。

之前，我談過四種「我做不到」的類型，情緒上的（你無法處理情緒上的痛苦），權利上的（你無法忍受不公平或不滿足），不適感上的（你無法處理困難或煩擾），最後，

* 這會令他們的雇主感到吃驚，尤其是當雇主支付治療費用的時候，而這證明了「意外後果定律」（人們的行為總是會產生意外的後果）是真實的。

成就上的（你無法處理沒有達成目標的情況）。

把這些問題用「這很難忍受，但我知道我能應付」信念過濾一下，你能想出什麼？你會更能應付工作的要求；應付與人打交道的困難；應付達不到目標的情況；應付不順心的情況。從本質上說，生活中不會再有多少東西是你不能從容應對的。

人類本來就是有情緒的動物，但有些人認為他們無法控制自己的情緒，而另一些人是從沒有學過如何控制情緒，有些人甚至會選擇自殺和自殘，作為處理痛苦情緒的方式。我發現，通常當人們被告知他們可以處理痛苦的情緒時，他們會自然而然地發展出比較健康的處理方式。那些能和難相處的人相處的人，如果不是很善於調解，就是很善於釋懷，或者兩者兼有。

運動員是「我能應對挫折」的典型，他們處理失望情緒，並立即尋找方法提高表現。如果人生給了你檸檬，而你相信你可以應付困難的情況，那麼你只需要做檸檬水就好了，如果你喜歡檸檬水的話*。

高挫折容忍度和「我做得到」，或更具體地說，「我能應付這個困難、苛求、有挑戰性的事情」，就是當事情變得棘手時，如何堅強繼續走下去的方法。它會讓「殺不死你的，都會讓你更強大」成為現實。這也表示，雖然你可以保持病態的幽默感，和運用古怪的應對策略，但你絕對可以拋棄那些你不喜歡或對你不再有幫助的策略。

所以，讓我們接著看最後一個健康的信念，針對讓你崩潰的信念，這是第四個修正的方法，也是貶損羞辱的健康替代品。

在下一節，你將學會接受自己，甚至愛自己。而且不只是自己，還有其他人，以及你的人生與其中的附帶事物。

如果不能愛，那麼至少接受所有人、事、物的本來面目，並在這個過程中，放下所有的怨懟與仇恨。

* 事實上，檸檬是苦橙和香櫞的交種，它不存在於自然界，是人類創造出來的。因此，人生不會給你檸檬，人才會給你檸檬。

08 無條件的接受：無論好壞、成敗都有價值

「你要麼走進自己的故事並擁有它，要麼站在故事之外為自己的價值奔走。」

——布芮尼．布朗（Brené Brown），《脆弱的力量》（*Daring Greatly*）作者

在理性情緒行為療法中，貶損羞辱的對立面是無條件的接受。無條件的接受自己、接受他人，接受生活及其包含的所有事物。這個概念蘊含著兩個概念，「價值」和「易錯性」。不過，這究竟是什麼意思呢？什麼是無條件的接受？它與價值和易錯性有什麼關係？為了解釋清楚，我想先解釋這些名詞的意思。

無條件指「不受任何條件約束」或「完整且不受任何限制」，而接受指的是「被接收為充分、有效或合適的過程與事實」。另外，價值的意思是「夠好、重要或有趣」。最後，易錯性的意思是「可能犯錯或失誤的」。

說到你對自己、他人或生活條件的信念時，每個人、每件事都是完整的，不受任何限

制，是充分的、有效的、足夠好的，但是也有可能犯錯和失敗。希望你們能明白我的意思。

這個星球上的每一個人都是有價值，也很容易犯錯的。每一個人都是由許多東西組成的複雜有機體，包括好壞對錯、成功失敗，每個人也都是仍在繼續的故事，以後將會有更多的成功和失敗。

如果你沒通過駕駛考試，就只是表示你沒通過駕駛考試。如果你失敗了五次，那只表示你失敗了五次。如果你失敗了一百次，只是說明了你沒辦法做那件事，但是不能做那件事，並不表示你是個失敗者*。

即使你在同一件事上失敗了很多次，你也不是一個徹底的失敗者，你是一個有價值，同時容易犯錯的人；即使你在愛情上不走運，你也不是一個徹底的魯蛇，你是一個有價值，同時容易犯錯的人；即使你在某些方面不是很聰明，你也不是一個完全的白痴，你是一個有價值，同時容易犯錯的人。生而為人，就表示你夠優秀、重要和有趣。

你的價值是與生俱來的，你天生如此，其他人也一樣。每個人都是容易犯錯的，這個星球上的每個人都犯過錯誤，以後也還會犯更多錯誤。錯誤太多了，大的、小的以及介於兩者之間的錯誤。

* 但請不要邀請我搭你的便車回家。

因為你的價值是與生俱來的，因此外在的「東西」不會增加你的價值。你個人特質中的所有勾勾——把事情做對、成功和成就，都不會增加你的價值。當然，那些都是美好的事情，是你人生故事中感覺很棒的時刻，但它們絲毫不會增加你的價值。

同樣地，你畫上的那些叉叉——你犯過的所有錯誤、讓你不開心的人，都不會剝奪你的價值，它們只是證明了你會犯錯。這些不會是感覺良好的時刻，甚至可能是徹底的失望，但你作為人的價值不會受到打擊。

當你把自尊作為量尺，開始玩這種評分遊戲時，你的情緒和自我感覺都會與成就連結在一起。做對了，信心和情緒都會上升；做錯了，信心和情緒都會下降。如果只關注成功，你可能會過度膨脹；如果只關注負面事情，則可能過度貶損自己。唯有當你無條件的接受自己是一個有價值，同時也容易犯錯的人時，你的自信才會比較穩定，因為你的自我意識變得穩定了。

當你把事情做對了，你的情緒高漲，但你的自我感覺保持穩定；當你做錯了，你的情緒低落，但你的自我感覺還是能保持穩定。

相較於把自信和自我感覺建立在成就之上，當你把自信建立在你的價值之上時，表示你的自信程度和自我感覺都會更加穩定。

每個人都應該對自我感覺良好。自我價值來自無條件的接受真實的自己，包括缺點和一切好壞對錯，以及你曾經擁有的、正在擁有的和將要到來的所有成功和失敗。快樂和正向的自我對話，來自於你把自信建立在天生的自我價值上。當你把事情做對了，你的心情會變好，把事情做錯了，心情會變差，但是你對自我價值的意識始終保持不變。

你是一個有價值且容易犯錯的人，就算你失敗了、犯了一個錯誤，或把事情搞得一團糟。摒棄「豹改不了身上的紋路」或「一朝是騙子，永遠是騙子」這類的愚蠢觀念吧*。每一個人，不管他們是誰，不管他們做過什麼，都是有價值但也容易犯錯的人。對，每一個都是。每次說到這一點，那些決心要痛恨自己的人，都會提到希特勒。他們總是提到希特勒。

「那麼，這表示希特勒也是一個有價值、且容易犯錯的人嗎？」他們會這樣問，以為自己已經戰勝了他們的理性情緒行為療法治療師。但是，答案是肯定的。是的，他也是。從道德上講，這是一個非常值得關注的問題，但請允許我解釋一下。

我很抱歉把歷史簡單化了，但是，希特勒的職業生涯早期，正是德國陷入蕭條之際，失業率為一五%，人們無家可歸、沒有東西吃，作為一個年輕的國家，德國還沒有形成一

* 豹改不了身上的紋路，這是千真萬確的，因為這是色素沉積和著色的一部分。但若拿來作為對人類狀況的類比，這是胡說八道。人確實會改變，人會康復，會自我改進。而且，雖然有些騙子會繼續作惡，卻也有很多改過向善的人。

種正式的「認同感」。

希特勒是很有魅力的演講者，他激勵並鼓舞了人民，幫忙培養起民族自信。而且據說，他在學校成績優異，對媽媽很好，對動物很好，還是個素食主義者。

另外，不管你喜不喜歡，他在戰爭中的努力，促成了科學的大規模進步，以及我們至今仍在使用的各種產品的誕生（包括福斯汽車、火箭引擎和噴射推進系統）。這些都是他個人檔案裡的勾勾。

然而，他是納粹獨裁者，帶來了戰爭，在大屠殺期間，要為六百多萬人的死亡負責。在他的檔案中，這些是非常大的叉叉。

就這些細節而言，希特勒有優點也有缺點，有成就也有失敗。我們必須相信這一點，不是為了世界上的所有獨裁者，而是為了我們的司法系統，因為沒有它，就沒有改造。把人們監禁起來，是希望他們能夠康復，回到所謂的正常社會。如果他們不是有價值但容易犯錯的人類，那怎麼可能做到呢？

然而有些人，儘管他們檔案中有些勾勾，但是叉叉太多了或是太過嚴重，因此為了社會著想，他們會被終身監禁*。希特勒的叉叉太多又太嚴重，如果他還活著，確實有正當的理由可以對他實施懲罰。但我們也不能否認或否定他做過的好事。

不管怎麼樣，你不是希特勒，你要貶損的人也不是希特勒。你和他們都是有價值的、容易犯錯的人。

如果你用希特勒來為仇恨自己或他人找藉口，請你問問自己為什麼？你做過什麼或他們做過什麼，值得你這樣憎恨，或這種程度的負面自我對話？就算是最壞的人也有優點，最好的人也有缺點，我們所有人都是如此。

還是不相信這種價值？那我們來談談孩子。

你有孩子嗎？假設你有，今天孩子回家後跟你說：「媽媽（爸爸），我是個徹底的失敗者，我的成績全是垃圾，同學們都討厭我，我是個徹頭徹尾的怪人，是一個完全沒有用的人。」你會同意他們的話嗎？你會這樣說嗎：「是的，親愛的。對，你就是這樣的人。」我真心希望你給的答案是「不」。至少每次我在治療室裡用這個比喻的時候，答案都是否定的。

你不會同意他們的說法。你是一個好父母，你要教導他們，他們本來的模樣就很好。你會說這些只是挫折，更重要的是，這些挫折並不能定義他們。今天的失敗可以造就明天的成功，只要他們接受自己、相信自己。

換句話說，你認為你的孩子，或你最好朋友的孩子，或任何這樣的孩子，如果他們做

＊ 若是在仍然有死刑的國家，就會被判死刑。

對了，就比較有價值；如果他們做錯了，就不那麼有價值嗎？如果你不能同情孩子，那就假設是你最好的朋友。如果他們相信，由於一時的運氣不好，所以他們是沒用的、沒有價值的，你會同意嗎？對你而言，他們的價值，會隨著他們做了什麼、沒做什麼，或他們成功或失敗，而上升或下降嗎？不，當然不會。如果會的話，你可能需要檢視一下你的交友技巧了*。

當應用到孩子或朋友身上時，你可以清楚看到，價值是與生俱來的。所以，不管你喜歡與否，不管你相信與否，這也適用於你。而且，根據定義，它也適用於你不喜歡的人，以及所有你現在很討厭的人。

你是一個人，是這個星球上七十多億人中的一個。你和每一個人一樣，出生、生活、死亡。這個過程中的開始和結束，你沒有選擇的餘地，但是，只要中間過程持續著，你在這稱為人生的瘋狂旅途中繼續旅行，你就有時會對、有時會錯；你有些事情成功了，有些事情失敗了；你有一些感到自豪的事情，也有一些想掩蓋的事情，永遠不想再提起。

你和其他人都一樣，因為我們都是平等的。我們有不同的技能、不同的長處、不同的生活狀態，不同的社會經濟地位，但是，我們都是所有事情的複雜混合體，無論是好事還是壞事，是對的還是錯的，是曾經做過的事情，還是將來要做的事情。

你的成功不會增加你的價值，失敗也不會降低你的價值，你的價值是與生俱來的。理性情緒行為療法要求你以此為信心的基礎。

你可以像我之前提過的那樣，進行這個艱巨的任務，把關於你的每一件事，每一個勾和每一個叉都記下來。但是，到最後你會發現，雖然你可以（如霍克博士所說的那樣）評價每一件你所能想到的事，但你實際上不能完全把自己當作一件事情來評價。那麼，你所剩下的，就是無條件接受現在的自己。

這並不代表你不能改變，因為人都會改變。這並不代表失敗不能帶來成功，因為確實可以，但並非總是如此。正如一句名言所說：「賜予我寧靜，去接受我不能改變的事情；賜予我勇氣，去改變我能改變的事情；並賜予我智慧去區分兩者。」**

有些療法確實提倡自尊。所以，如果你缺乏自信，他們會安排一些實驗作業，要求你去完成一些事情，把某些事情做好。雖然我不反對這也是一種策略，但它存在著一些風險，因為如果你第一個任務失敗了，結果可能就好不到哪裡去。接受自己是有價值的、同時容易犯錯的人，是比較優雅的解決方案。它仍然可以讓你去完成一些事情，但如果你沒有做到你想完成的事情，也不會因此就搞砸一切。

* 如果你連朋友都不能同情的話，我接下來要用小狗舉例了。

** 這是尼布爾（Reinhold Niebuhr）的〈寧靜導文〉，隨著流傳的日子久了，根據靈性和宗教傾向的不同，已經被世俗化和非世俗化，甚至被匿名戒酒協會和其他十二步驟戒斷方案所採用。

總之，你不是希特勒，你要貶損的人也不是要滅絕種族的瘋子，為了大家著想必須關起來的那種人。

如果你能把你的朋友、家人、同事和周圍的人都視為有價值的、容易犯錯的人，那麼這個概念也適用於你和你所鄙視的人。

即使你沒有得到你想要的東西，也相信自己不是一個失敗者，不是無用的人，不是垃圾，不是沒有價值的人，而是一個有價值而會犯錯的人，這是真實的。如果你能證明你成功過，即使只有一件事（而且是非常簡單的事），那麼你就不是沒價值的。我們可以證明你有易錯性，因為你會犯錯，你是一個有缺點的人類。

易錯性是人類固有的，也是人類的基礎，因為你就是會犯錯，你也有心理方面的缺點*，你們也有生理缺陷**。所有系統都有易錯性，人類當然也不例外。

放棄評分遊戲吧，有意義的生活並不等於有成就的生活。我最喜歡的一句名言是哲學家艾倫．威爾遜．沃茨（Alan Wilson Watts）說的：「生命的意義就在於活著。就是那麼簡單，那麼明顯，那麼純粹。然而，每個人卻都在巨大的恐慌中狂奔，好像有必要達成一些超越自己的成就。」

這確實是明智的言辭，但我們還沒有說完，讓我們用一些客觀和理性來支持這論點。讓我們來反駁這些健康的信念。

即使你沒有得到你想要的東西，即使別人說你是失敗者、沒有價值、沒有用處的人，但你不是。你是一個有價值的，也會犯錯的人，這是完全正真實的。如果你可以展示出一次成功、一個成就，或完成過一件事，你就有了證據，可以證明這句話的無用、沒價值、垃圾的部分是錯誤的。你會犯錯，你也會失敗，也有缺點，所以容易犯錯也是真實的。最後，如果你是一個人，你就有生而為人與生俱來的價值。

你可以評價自己的各方面，你可以說我英文很棒，但數學很爛。但數學爛和做人爛不是同一件事。因此，從邏輯上講，你只能是一個有價值也會犯錯的人，對數學一竅不通就是你失敗之處***。

最後，相信這是有幫助的。當你遭受這些命運的暴虐之箭時，你仍然會有情緒上的反應。所以，如果你完成了某件事，或達到某個目標，你會感到興奮和自豪；如果你在某件事上失敗了，沒有達到你設定的目標，那麼你會感到失望。你可能會感到沮喪，但不會徹底崩潰。做對或做錯依然會影響你的情緒，但它不會再影響你的自我意識，不會再削弱你的信心。

* 有些人太溫順，有一些人太專橫；有些人容易焦慮，有些人容易憂鬱。

** 有些人會禿頭，有些人太早有白髮，有些人容易患關節炎，有些人容易有心臟病。

*** 如果數學對你來說很重要的話。

最能證明這一點的，就是奧林匹克運動員了，他們刻苦訓練四年，就是為了達到某一目標。現實就是真正的贏家只有一個，獲得金牌的那個。就算你認為銀牌、銅牌也是勝利，但還是有很多人輸了。然後，在比賽結束後，記者們就會包圍獲勝者，開始問他：「你現在感覺怎麼樣？」獲勝的運動員回答道：「我感覺很棒！」

但是，記者們也把麥克風和攝影機對準失敗者，而且非常無情地問：「你輸了，現在感覺怎麼樣？」失敗者不會說：「我感覺糟透了，我生命中的四年就這樣白白浪費掉了。我辜負了自己，也辜負了我的國家。」嗯，至少不會經常有這樣的回答。他們比較常這樣回答：「嗯，很失望，但我會和教練一起看看重播，研究下次怎麼樣可以表現得更好。」

當你無條件接受自己，把自己當作一個有價值，也會犯錯的人，那就沒有失敗，只有學習的機會。

這種思維方式也適用於其他人。所以，拿我的小問題為例，我認為「其他人不是白痴，就算他們擋到我的路，但他們都是有價值、也會犯錯誤的人」。這個信念是真實的，因為他們都有生命，都是許多小事組成的複雜混合物，無論是好是壞。

即使我不認識他們，我也能猜出他們都有技能和天賦，有人愛他們，每一個人的檔案中也都有一些勾勾。然而，我可以肯定地證明，當他們撞到我或絆倒我的時候，就是他們的失敗，所以這部分也是真實的。最後，作為人類，他們都有價值，因為每個人都有價值。

即使他們真的擋到我了，我也相信他們不是白痴，這是合理的。當他們這樣做的時候，仍相信他們是有價值的和容易犯錯的，也同樣是合理的，因此從邏輯上來看，兩者是可以相互銜接的。

而且，這個信念幫助了我。它讓我變得人性化，並接受我們同為人類，只能盡我們最大的努力，來應對一個非常擁擠的環境，所以並不需要生氣。

這種無條件接受的概念，同樣適用於世界及其所包含的一切。世界非常複雜，它有好的部分，比如可愛的小狗，也有不好的部分，比如伊波拉病毒。所以不能夠用完全的好與壞來區分，因為世界太過複雜，無法簡單涵蓋。因此，這個世界本身是有價值，但也有易錯性的。

以認為自己的生活根本是坨屎的客戶為例，這個信念的健康版本是「不！雖然我感覺我的生活完全是坨屎，但並不是如此，我的生活是有價值，但也有易錯性的。」這個信念有證據的支持*，從邏輯上看是通順的，而且絕對可以視為是有助益的，這確實幫助我的客戶走出了憂鬱。

如果你剛好是一個講究完美的專案經理，就算專案出了錯，你也不是一個可憐的失敗

---

* 小狗和伊波拉病毒當然就是證據，但也還有許多特殊的成功和錯誤。

者。只因為你管理的團隊沒有按照你嚴格的標準完成事情，他們也不是一群白痴。只因為專案結果不完全是你想要的模樣，也不表示這個專案完全失敗了。你可以反駁這三個版本的無條件接受信念，證明它們是真實的，展示它們的邏輯，並說明它們對你有什麼幫助。

如果你不是以自我為中心的方式，而是以一種美好的方式愛自己，就像你愛朋友或家人那樣，你會感覺好過多少？就算不愛，那麼至少喜歡並接受真實的自己。如果你專注於你所有的，而不是你缺乏的，你的生活會輕鬆多少？如果你同樣關注他人的優點，而不是他們的缺點，你和其他人會感覺更加正面多少？還有，如果你把注意力集中在生活好的方面，而不是壞的方面，你會有什麼感覺？

這就是無條件接受的力量，它的力量如此強大，多年來，它幫助許多自我厭惡者變得非常珍惜自己的生活，以至於他們真的流下了喜悅的眼淚。

難道你不想為你自己和你的生活這樣做嗎？

用健康信念取代毒性思考

幸好，對你、你的理智和自我保護意識來說，本書中提到的四個不健康信念，都有健康、理性的對等物，一種「修復」，能幫助你在逆境中更全面、更理性、更堅強地思考、感受和行動。

首先是靈活的偏好（說出你想要什麼，但也接受你不一定非得到它不可）；接下來是洞察力（也被稱為「反糟糕化」，這是對得不到你想要的東西的，進行更加理性的評判）；然後是「我做得到」（也被稱為「高挫折容忍度」，就是你接受沒有得到你想要的東西確實很令人沮喪，但你可以應對挫折，不會死掉或在憤怒中蒸發）；最後，我們無條件的接受自己、他人和生活條件，這是對人與事比較理性的評價。

關於你的健康信念，需要注意的重點是，它們不一定能讓事情變得正面，甚至不一定能變得中立。我們的目標是理性，是從一種不健康的負面情緒（會控制你的那些情緒）轉向一種健康的負面情緒（你能控制的情緒）。**無論健康或不健康的情緒，都包含「負面」這個詞。理性情緒行為療法不是要把你變成一個沒有情緒的機器人**，當生活沒有按照你的方式進行時，你也沒有感覺的那種。它希望你是個人，希望你表達情緒，但希望你適當地表達，希望你以對心理健康有益而不是有害的方式表達。這就是健康信念的作用。

理解這一點是一回事，相信又是另一回事。讀這本書時，感覺茅塞頓開是一回事，但真正把它付諸實行，改變你的思維、感受和行動方式，則是另外一回事。就像俗話說的那樣：「知識就是知道番茄是一種水果，而智慧就是知道不要把它放進水果沙拉裡。」

也許，在讀完本書的前兩章後，你已經有了一、兩次頓悟，並開始以全新的視角看待生活或某些情況，且產生了一些有益的效果。

然而，更有可能的是，你已經注意到你持有這些不健康的信念，甚至已經開始辨識出你的一些要求、戲劇化、我做不到和貶低的信念，並把它們寫下來了。這很好，因為現在你要學習如何處理它們。

在本書的第三章中，你將運用到目前為止所學到的知識，以它為基礎，並將其付諸實行。你要把你的知識提煉成智慧。

在接下來的六週裡，你將一步一步、一週一週地，學習更多理性情緒行為療法的精髓。你要挑選出一個問題，將它拆解開來。接下來，你要辨識出那些在特定情況下，會讓你做出特定反應的信念，然後分解它們，以更加理性的方式思考它們。在那之後，你將會有情緒和行為的轉變，不但知道該抱持怎樣的信念，而且相信這個信念，這樣就能產生持久的改變。

接下來，讓我們把這些不健康和健康的信念，變成一個連貫的策略。

第3章

扭轉負面想法的六週轉念練習

09 第一週 ABCDE模式，優雅看待每件事

「重要的不是發生了什麼事，而是你如何應對。」

——愛比克泰德（Epictetus），古羅馬斯多葛派哲學家

我讀了理性情緒行為療法為基礎的一年學程，又讀了兩年的理性情緒行為療法碩士，這種療法當然不只四種不健康的信念和有益的健康信念。理性情緒行為療法有一個哲學、一個框架和一個要遵循的計畫，它包含了幫助你質疑信念的工具，不僅能改變你看待生活的方式，還能幫你解決具體的情緒和行為問題。這就是你在接下來的六週和六個章節中要做的事。

先前，我提到過引發事件（A）觸發特定信念（B）導致後果（C）。我還提到，我們反駁（D）或質疑這些信念，為最初的引發事件帶來一種有效的（E）理性觀點。

ABCDE 這個心理健康模式是非常有名的，原因也非常明顯，我們很快會詳細地探討它。本質上，它的意思是——**這裡有一件事，必定會引起一種反應，但在這個事情和反應之間，總是存在著一個思維過程**。

根據理性情緒行為療法，這種思維過程，總是包括一個要求，和一個或多個信念，例如戲劇化（糟糕化）、「我做不到」（低挫折容忍度）或貶損羞辱（毀滅自我、他人或世界）。

在接下來的章節裡，你將學到如何選擇一個問題，並根據理性情緒行為療法的 ABCDE 模式來解決它；你將學到在面對一個特定問題時，如何辨識出你所持有的，是四種想法中的哪一種，然後制定出與其相對應的健康想法。

接下來，你將會開始一系列的練習，這些練習會幫助你削弱不健康的信念，同時加強健康的信念。一點一滴累積下來，我們就能從不健康的思維方式，轉換為健康的思維方式。

在詳細討論這是什麼意思和需要什麼之前，請讓我先建立幾塊基石。

理性情緒行為療法的達觀思想和本書一樣——**真正讓你煩擾的，不是生活中的事件，而是你怎麼看待這些事件**。

這個智慧的想法，以及這節開頭的引文，都是來自斯多葛哲學的教義，特別是一位希臘斯多葛哲學家，他的名字叫愛比克泰德（Epictetus），維基百科上有他的紀錄。

所以，**如果你思考、感受和行動的方式，連自己都不喜歡，但又似乎無法改變，那不是因為「這件事」，而是因為關於「這件事」，你告訴自己什麼。改變你告訴自己的「事情」，就能改變你的想法、感受和行為**。這表示沒有人或事會讓你生氣、焦慮或沮喪，也不會讓你去喝酒、用藥或做其他有害行為*。

這不是指事情發生時，它不會造成任何影響，它還是會有影響，但也就只是影響而已。當然，情況越負面或越有挑戰性，它造成的影響就越大，但仍只是一種影響而已。

即使面對最困難、最嚴苛的環境，你仍然可以維持自制，或如果你認為自己已經失控，藉由檢視你告訴自己的信念，你可以重新控制自己。

正如電影《神鬼奇航》（*Pirates of the Caribbean*）的傑克・史派羅船長說過的：「問題並不在於問題，而是在於你對問題的態度。」

不相信嗎？那麼，讓我繼續詳細說明。

你可以決定要怎麼看待事情

假設我被解雇了，接下來的幾週甚至幾個月，我都在對自己說：「他們竟敢這樣對我？

別以為我會放過他們，這群卑鄙的傢伙，我就算死也要糾纏他們。」

很有可能，我真的會變成一個非常憤怒的人。我會執著，甚至被憤怒吞噬。我將成為無論如何都不肯罷休的人。

但如果我接下來對自己說：「不！他們不應該這樣對我，太可怕了。我要怎麼付房租？怎麼付帳單？我就要失去一切了，我會一貧如洗、無家可歸！」

現在，吞噬我的不再是憤怒，而是焦慮，極度恐慌、瘋狂地想像許多災難性事件逐一上演。

但是，如果我繼續告訴自己：「到此為止，結束了，我做不了別的事了，我永遠找不到另一份工作，沒希望了，我還不如現在就放棄。」然後，我就不會感到憤怒或焦慮，而是變得相當沮喪、憂鬱。我會感到無助、無望、受盡委屈。我可能會躲回臥室，不肯出來。

憤怒、焦慮和憂鬱，這些情緒不會有什麼幫助，因為我可能會因太過不安，而無法對當前處境做出任何有建設性的事。憤怒的人會咆哮；焦慮的人會擔心；憂鬱的人會躲起來，這些都不能幫助他們以有益的方式面對被解雇。

但是，如果我心想：「糟糕，沒想到會這樣。我真希望沒發生這種事，但它發生了，

＊像是吃甜甜圈。

會讓生活變得有點艱難，但我會挺過去，我總是能做到。我有一技之長，也許會找到一份更好的工作，有更好的前景。」這時，我的感覺怎麼樣？

我很可能會感到失望，但仍樂觀，雖然受挫但仍有力量，雖然跌倒但沒有絕望。更重要的是，我將會在更好的心境下，做一些跟工作有關的、有建設性的事。

在上面的每個例子中，我遇到情況都是一樣的（被解雇）。但是，我可能感到憤怒、焦慮、憂鬱，或是樂觀，這取決於我對自己被解雇的想法。

這就是許多年前，愛比克泰德所說的意思：「煩擾你的不是生活中的事件，而是你針對那些事件對自己說了什麼。」

因此，所有人（大致上）都要對自己在面對特定情況時，持有的信念負責，意即如何思考、如何感受，以及如何行動。這就是情緒責任的一般原則*。

情緒是責任，而不是責怪

有些人不喜歡情緒責任的一般原則，認為這像是在說「都是他們自己的錯」，他們會這樣都要怪自己。

這些年來，有不少人逃離了我的諮詢室，指責我是邪惡的化身，因為我竟敢說他們的情緒和行為都是他們自己造成的（我甚至不是用暗示的）。

責怪和責任之間有很大的區別，但很遺憾，有些人似乎不明白這一點。

假設你在超市購物，然後你在第一和第二通道各看到一對父母和小孩，兩條通道裡的孩子都像發了狂似的大發脾氣。

第一通道的父母訓斥他們的孩子：「天哪，你真笨，你真的很丟臉。我為你感到羞恥。閉嘴！現在就停下來。你怎麼會這麼可惡？」

你覺得這個孩子會帶著怎樣的想法長大？會怎麼看自己？更重要的是，這個孩子能學會為自己的行為負責嗎？

第二通道的父母也同樣無奈地告誡孩子，但方式略有不同。他們問孩子：「你為什麼要這樣？你為什麼表現得這麼不好？我們都知道你不該是這樣的，所以麻煩你現在告訴我，你為什麼要表現得這麼不好？」

現在，父母面對的是一個小孩子，所以他們很可能只會聳聳肩，咕噥一聲「我不知

---

* 這個原則包含了「大致上」的警告。如前所述，有些人有確診的症狀，如憂鬱症或躁鬱症，這就不是信念的結果，而是來自其他因素，包括腦內的化學物質。然而，有確診症狀的人，往往會對不可避免的情況，產生非常不健康的信念，而這種信念又會進一步困擾他們。

道」。但這不是問題的關鍵，關鍵是，這個孩子會帶著怎樣的想法長大？會怎麼看自己？比起第一通道的孩子，他更有可能還是更不可能，為自己的行為負責？為什麼？

有過錯就深信自己是失敗者，將會受到責怪。但負責任的意思，是要能解釋並承擔自己的行為。

責怪這個詞暗示著過錯，然而在如何處理生活壓力和緊張方面，沒有人是有過錯的，只有不同的行動和反應，以及對兩者的責任。背負罪責的人，通常也會繼續尋找其他事或其他人來為自己的錯誤負責。如此一來，他們就不需要做任何事了。

你感到焦慮或憂鬱不是你的錯，把酒精或甜甜圈當作應對策略也不是你的錯。但如果你責怪自己，你就會覺得自己有過錯。更重要的是，如果你覺得有過錯，你就不太可能承擔任何責任，而如果你不承擔責任，你就會覺得自己無能為力。你反而會被困住，被你是誰、你怎麼做事，和你面對的事物困住。直到永遠。

但是，你不需要對其他人的行為負責，你也不需要對遭遇的一切負責。不過，你的確要為你在面對這些事時，產生的想法、感受和行動負責。**你的想法，就是你的責任，這是你可以自行決定的事**。不用改變外在事物，你就能變得不同，改變就在你的手中，應該說在你的腦袋裡，一直都在那裡。

感受是由信念所觸發，而非事件

以本節一開始提到的ＡＢＣ「啟動事件、觸發信念、導致結果」為例，大多數人其實一生都在說所謂的ＡＣ語言。他們把感受歸究於事件，他們會說「狗讓我很害怕」、「我老闆讓我很焦慮」、「莫琳對我們家雪倫的批評，真讓我火大」之類的話。但是，實際上發生的事並非如此。

這種感覺很真實、很立即，當事情發生，你產生了情緒上的反應。再者，你的大腦跟你說，如果莫琳沒有批評雪倫，你會感覺很好；如果你老闆態度好一點，你在他們身邊就不會那麼焦慮；而且沒有狗，顯然就沒有恐懼。在你看來，這是情緒和行為上顯而易見的事實——如果這件事沒有發生，你就不會有這種感覺，對嗎?錯。

因為事件發生的瞬間，在無意識當中，你對觸發反應的事件有一個信念。所以，當你看到狗時，你會告訴自己一些讓你害怕的事；每當你和老闆打交道的時候，你都會告訴自己一些讓你焦慮的事；不管莫琳批評雪倫什麼，你都在說些讓自己怒火中燒的話。

理性情緒行為療法就是專注於那些隱藏信念，找到它們，把它們從你心靈的黑暗深處拉出來，帶到白天的光亮中，然後質疑它們。你可能不知道你的信念是什麼，至少現在還不知道，但我希望在你讀完第一章和第二章後，腦海裡已經蹦出了幾種可能。如果沒有，你可以現在就開始想一想。

從現在開始，與其說「○○○讓我感覺×××」，不如停下來想一想，問自己：「關於這件讓我有這種感覺的事，我告訴了自己什麼？」這是走向理性思考的第一步。

這些特定的信念系統*，將引導我們到下一個原則（如果你已經接受了「你有責任」的原則）。意即真正煩擾你的是不健康的信念，像是教條式的要求、戲劇化、「我做不到」和各種貶損。

面對事件時，我們自有一套思考慣性

隨著你閱讀本書並付諸實行時，它將幫助你以一種全新的方式看待生活。從哲學的角度來說，它是很棒的理性生活指南，希望你已經注意到這一點。然而，從治療的角度來說，它也能夠幫助你處理特定的情緒和行為問題。

因為我們經常會有特定的情況和特定的反應。例如，憤怒是你對討厭事情的一種特殊反應；焦慮是你對擔心事情的一種特殊反應。在情境和反應之間，會有一個特定的信念系統，讓你針對特定的情境做出特定的反應。

理性情緒行為療法聚焦於引起焦慮、憤怒或憂鬱的特定信念，並改變它們。它區分出非理性信念（對你毫無幫助）和理性信念（對你有幫助）。所以四種會把你擊垮的毒性思考，是在特定情況下，產生的四種信念或思維模式，它們會導致特定的情緒和行為反應。為了強調它們是如何困擾你的，我想把守時變成一個故事，分成四個部分，這樣就能清楚傳達理性情緒行為療法的含義**。

我把守時的故事，作為貫穿健康與不健康信念的主軸，並不是沒有原因的。正如我說過的，有些人對守時特別在意，有些人則不會***。如果你確實是一個很在意準時的人，那麼在你閱讀後文的場景時，我希望你不要用自己的方式去思考，而是像每個場景中所描述的人一樣思考。

* 關於狗、你老闆、莫琳批評雪倫的話，還有任何煩擾你的人和事。

** 這個模式的最初版本是由阿爾伯特．艾里斯提出的，被稱為「金錢模式」，討論的是關於金錢而不是準時。溫迪．德萊頓（Windy Dryden）教授後來把這個模式翻譯成了英語（把美元換成了英鎊）。你可以在 YouTube 上找到實際練習的影片。這裡是我自己對這個模式的看法。

*** 有些人不會覺得守時有什麼大不了，而有些人甚至連守時是什麼意思都不知道。對這樣的人來說，那也沒關係。不過理性情緒行為療法絕對可以幫助那些守時的、還算守時的和非常不守時的人相處得更加和諧。

四種守時信念的思考方式

不喜歡遲到，但遲到了也不是世界末日

現在想像你在一列火車上，準備赴一個非常重要的約。同時請想像一下，你很在意準時，你有一個關於守時的信念，這個信念是：

我喜歡做每件事都準時，但我知道我不必非準時不可。我不喜歡自己遲到，這對我來說是件不好的事，但這並不糟糕，也不是世界末日。

現在你的火車嚴重誤點，你意識到自己不可能準時赴約了。這裡重要的問題是，當你的信念是「我喜歡做每件事都準時，但我知道我不必非準時不可」時，你對誤點會有什麼感覺？我不能每件事都準時，這很不好，但是也不糟糕。有了這樣的信念，你會做出什麼行為？

你可能會有一點沮喪或擔心，但僅此而已。你不喜歡被耽擱，但是你能夠處理。你或許會提前打電話通知某人，或重新安排約會，但除此之外，你可能最多就是坐在那裡，接受你無法控制的延遲情況。

到目前為止，一切都很理性。

每件事都必須準時，不然就太糟糕了

現在請想像你還在火車上，還在要去重要的約會路上。並且想像一下，你仍然很在乎準時。然而這一次，你對守時有一個非常不同的信念：

我做任何事都必須準時！必須，必須，必須！這才是我！這就是我在意的事！如果我沒辦法準時，那就太糟糕了，對我來說就是世界末日！

同樣地，火車嚴重誤點了，你意識到自己不能準時赴約了。現在最重要的問題是，抱持著「我必須每件事都準時，如果我不能每件事都準時，那就太糟糕了」這樣的信念，你會對誤點有什麼感覺？你會有什麼行為？

我猜你會非常生氣或非常焦慮，或兩者都有。你可能會責怪自己沒有趕上早一班火車，你可能會責怪車上的服務經理或列車經營公司，你甚至可能大吼和抱怨。你可能會提前打電話通知對方，但與前一個場景相比，這將是一段非常不同的對話。你可能無法安坐、平靜地接受延遲的情況。

到目前為止，你需要從這裡學到的是，當面對同樣情況時，兩種截然不同的信念，會帶來兩種完全不同的情緒和行為結果。

現在，讓我們把這種壓力、憤怒和焦慮情緒，解釋得更深入一些。

希望不要遲到，但也不是非如此不可

現在，你仍然在火車上，你仍然抱持著「必須準時做每件事，如果你不準時就很糟糕」的信念，然後火車仍然誤點了。你感到緊張、憤怒或焦慮。這時，司機廣播了，他為列車誤點道歉，說會盡可能加快速度，跳過一些根本沒人上下車的小站，讓每個人準時到達目的地。

司機說他會準時送你到目的地，幾乎要說出保證這個字眼了。

這裡重要的問題是，當你的信念是「我必須準時做每件事，如果不準時就很糟糕」時，你對可以準時抵達有什麼感覺？

你會感到如釋重負，對吧？危機解除，問題結束，基本上，一切都回到正軌了！

如果沒辦法每件事都準時，那很不好，但也不到糟糕

你還在火車上，仍然在去非常重要的約會路上，你也仍然抱持著「必須準時做每件

事，如果做不到就很糟糕」的信念，然後火車誤點了，但是司機答應準時讓你們到站，所以你感到放心。

然而，懷著「我必須準時做每件事，如果做不到就很糟糕」的信念，有什麼事情會讓你再次感到壓力、憤怒或焦慮呢？沒錯，任何其他類型的延誤。

火車只要稍微減速了一點，或在你不想停的站上停太久，或在車站之間暫停下來，你就會再次感到壓力。

四種守時信念的重點

- 所以，根據理性情緒行為療法，所有人在得不到要求、必須得到的東西時，都容易產生情緒波動。
- 理性情緒行為療法表示，即使他們得到了所要求的、必須得到的東西，還是很容易產生其他的困擾，因為隨時有可能失去它，它可能會被拿走，事情總是會發生變化。
- 只有當他們能確定自己的偏好，同時能接受自己不一定需要擁有時，才能夠保持心理健康。
- 要求和偏好之間的區別，在於不能事事都準時的時候，產生的是不健康的焦慮還是健康的擔心。

小提醒

- 身而為人，我們對一切都有偏好。也有把偏好轉化為要求的傾向。
- 偏好越強，就越有可能將其轉化為要求。

有時候這些要求很明確，你可以聽到自己對列車經理（或對自己）大喊：「不，你不明白！我必須準時！」但通常它們都是內隱或無意識的。你不知道你在跟自己說那些話，只知道自己在生氣，因為你被耽擱了。但根據理性情緒行為療法，要求是存在的，它在背景中隆隆作響，煩擾著你。

這就是理性情緒行為療法的哲學。不過，它不只有一個哲學，還有一個框架，你可以根據這個框架來實作，解決你所有的問題和挑戰。

這就是我在本節和本書開頭，提到的ＡＢＣＤＥ心理健康模式。

ＡＢＣＤＥ心理健康模式

ＡＢＣＤＥ心理健康模式，是看待事物的一種優雅方式，因此，許多其他治療方法都採用這個模式。讓我們仔細看看這些字母代表什麼。

A就是「引發事件」

是一個讓你感到很困擾的情況、問題、事物。引發事件可以是任何事，一個人、一種情況、某人說了什麼等。它可以是過去的、現在的或將來的事；它可以是真實的，也可以是想像的；可以是內在事件，也可以是外在事件。可以想見，任何事情都可能成為引發事件——公開演講、考試、失業、你身體側邊奇怪的疼痛感、多年前你做的事、莫琳批評雪倫的話……。

在前述跟準時有關的四種情況中，誤點的火車是引發事件。更具體地說，對守時很在意或想要每件事情都準時，這就是引發事件。當你遇到一個引發事件時，你得找出其中最讓你煩擾的部分*，因為這將直接導向你需要處理的信念。

B代表信念

有些不健康的要求會干擾你，而健康的偏好會幫助你，讓你在面對特定問題的特定要

* 這就是所謂的「關鍵A」，後面會有更多說明。

求時，仍能保持理性。引發事件會誘發一系列的信念，導致C（結果）。**如果你的信念是理性的，你的反應也會是理性的，但如果你的信念是非理性的，那麼你的反應也會是非理性的**（也就是對你沒有幫助）。

前面守時的故事包含兩個不健康的想法，和兩個健康的想法，即「我做每件事都必須準時」、「如果做不到，就太糟糕了」，以及「我喜歡做每件事都準時，但並不是非如此不可」和「如果我不能每件事都準時，那很不好，但是也不糟糕」。

C代表持有某一信念的「結果」

結果就是你，它們是你的心理，是你的想法、感受、症狀、行為和情緒。焦慮跟憤怒所帶來的特定想法、感受、行為和症狀，就會非常不同。一個問題產生所有令人煩擾的想法，都是四種毒性思考的組合結果。

舉例來說，如果你有這種信念：「我不能在演講中感到焦慮，如果我感到焦慮，那就糟透了。」那麼你只會增加在演講中感到焦慮的可能性。你甚至可能會因為事前太過焦慮，而拒絕去做這件事，或是試著做了但卻淚流滿面地逃出來。

然而，如果你告訴自己，「我希望在演講時不要焦慮，但我沒有理由絕對不能這樣。如果我真的焦慮的話，那很不好，但也不會太糟。」你可能會以緊張、興奮的情緒擔心你的演講，但你不會焦慮、不會逃避，也不會被人發現躲在廁所裡，一個人默默地啜泣*。

D代表「反駁」

這是一個不斷質疑信念（包括健康的和不健康的）的過程。我們一點一點地削弱不健康的信念，強化健康的信念，我們正在從一種思維方式，轉向另一種思維方式。當你能感覺到轉變的發生，就知道我們已經到達了E（有效理性觀點）。反駁是你必須付出努力的地方。它的概念是，無論你的目標是什麼，在你朝目標前進的過程中，你要挑戰自己，但不會壓垮自己。當然，你投入的努力越多，實現目標的速度就越快。

E表示一種「有效的理性觀點」

從這裡開始，你不會再照著非理性信念生活，而會改用理性的信念。以之前的守時故事來說，就是你已經從在火車上生氣或焦慮，轉變為冷靜、接受現況（聳聳肩，處理它就是了）。

---

* 這在焦慮時是很常見的狀況。

透過五步驟，解決困擾問題

所以，在本書中，你將學習如何挑出，困擾自己的問題或情況，並把它當作一個引發事件A。

然後，你將利用這個A，來審視你在結果C中表現出的想法、感受和行為。這反過來會讓你辨識出關鍵A（問題或情況中最困擾你的方面）。

關鍵A將被用來評估你的不健康信念B。

從這裡開始，你可以找出自己需要的是什麼樣的健康信念，以便讓你在C中表現出更有實質效益的想法、感受、行為和情緒。

然後你將使用各種反駁技巧D，來質疑和削弱不健康的信念，並強化健康的信念。

當你能把這些付諸實行，並開始按照健康信念生活時（別擔心，我們也可以幫助你做到），你的C就會有情緒和行為上的轉變。

當這種情況發生時，你已經到達E了，這表示現在的你對最初的問題，已經有了一個有效的理性觀點。

所以，就像傑克森五人組（The Jackson 5）多年前唱的一樣，它真的跟ABC一樣簡單。只不過在理性情緒行為療法中，我們比較喜歡「優雅」這個詞*。

第一週差不多就是這樣了，但你還有一些作業。作業是理性情緒行為療法中很重要的部分。我們說的不是像學校那種家庭作業，你不會每天晚上得困在書桌前一個半小時，不做作業也還是可以吃晚餐。如果你每天花十五到二十分鐘，每週花四到五天的時間做作業，那這一週的量就足夠了。聽起來不錯吧？

如果你不喜歡「作業」這個詞，因為它會讓你想起學校（並不是每個人都喜歡學校，對吧？）那麼你可以稱它為「任務」、「專案」。我有一個客戶不喜歡前述所有詞彙，就簡單稱它為「要做的事」。

如果你是不喜歡把書弄髒的人，從這裡開始，你該去準備一本筆記本了。**

第一週要做的事

- 把關於守時的故事、ABCDE 模式，和每個字母代表的意思多讀幾次。我們當然不會考試，但它解釋了理性情緒行為療法的所有內容，你對它越熟悉，就越有能力

---

* 優雅的解決方案比簡單的解決方案好聽，而且優雅指的是令人愉快、輕鬆的。

** 或者到我的網站下載表格：www.daniel-fryer.com。

繼續前進。

- 如果你願意，可以試著用守時的故事，向其他人解釋理性情緒行為療法。有時候，身邊最親近的人會在這個過程中，提出非常有價值的見解，無論是關於他們自己還是關於你。他們會驚叫：「天哪！我做了那個，而你做了那個。」

在你繼續閱讀第二週的內容之前，請回答下面的問題。

想一想

- 這一節在說什麼？
- 你能把這個模式連結到你和你的執著點、你的任何困擾、你的焦慮、憂鬱、情緒爆發或你平時的生活嗎？
- 在過去的一週裡，在閱讀和反思守時例子和ＡＢＣＤＥ模式時，你是否有產生一些理解或「頓悟」？

10

第二週 找出問題，拆解信念

「我們看到的不是事情的樣貌，而是我們本身的面目。」

——阿內絲・寧（Anais Nin），美國作家

這一節會有很多內容，可能是本書中最重要的一節。很抱歉，我也沒辦法，但是，我會把它分解成好消化的形式*。

你可以慢慢來，把事情分散在一天或一週裡。

* 並不是指理性情緒行為療法可以吃。

首先，選擇一個要處理的問題，然後找出面對這問題時的不健康情緒。接下來，你要找出這個問題最困擾你的部分，從中找出所持有的不健康信念。最後，你將把這些信念替換為健康的版本。聽起來也沒有太複雜，對吧？

同時，你需要在頭腦中樹立一個目標，在理性情緒行為療法中目標非常重要。從治療層面來說，你處理這個問題是希望做到什麼？在情緒和行為上，你想實現的是什麼？

例如，你的目標可能是克服在公開演講時的焦慮感，或控制在家裡的憤怒情緒，也許你想處理你在關係中的嫉妒情緒，或停止因為失業而感到沮喪等。本質上，這一節都是關於選擇一個引發事件A，評估面對該事件的正確情緒後果C，然後形成你的信念B。

再說一遍，如果你不想在書上寫東西，或你是在電子閱讀器上讀這本書，那麼你可以準備好你的筆記本和筆了。

如何選擇一個問題？

大多數人接受治療時，都會試著講述他們的整個人生故事，至少在第一階段都是這樣。治療師會做筆記，盡可能從中找出最多線索，不僅是關於「問題」，還包括導致和影響問題的其他事項。他們會試著去了解客戶，當客戶一開始說話，理性情緒行為療法治療師的頭腦就開始活躍起來——篩選資訊，形成假設、潛在後果和可能的信念。這個過程可能就占用了一半以上的諮詢時間。

然而，有些客戶來的時候，會帶著一、兩張Ａ４紙，上面整齊地列出自己的問題和過往歷史。這樣做的人，通常都非常能夠接受理性情緒行為療法。

不過，有些人走進來，就直接坐下來對我說：「我對我老闆很不爽。」「我對自己的表現感到很焦慮。」或「我有追求完美主義的毛病。」就這樣，沒有提供其他資訊，所以我們就要更詳細地探討客戶提出的問題。

我希望，當你讀到這裡，你腦海中已經有一個特定的問題了。也許是工作上的問題，也許是感情上的問題，也許是失去了什麼，或是參加考試的問題。不管是什麼，就目前來說，這個引發事件——你想解決的問題，只需簡單定義即可。至於情緒方面，也只要簡單定義就好。所以，也許你在工作中感到壓力、對伴侶生氣、對失業感到憂鬱，或對考試感到焦慮。

在ＡＢＣＤＥ模式中，先用最簡略的方式填寫Ａ和Ｃ。它可能是這樣的：

A	C
工作	壓力
伴侶	憤怒
失業	憂鬱
考試	焦慮

也許你想列出其他問題，也許前面的列表就是你的問題清單。但是，這裡是重要的部分，為了達到本書的最佳效果，你現在只需要選擇一個問題。最緊迫的、最令人煩擾的或只是你想最先處理的。

在接下來的章節中，我會引一個社交焦慮的例子當作範例，主要是因為社交焦慮是一個非常普遍的問題。

如何克服社交焦慮？

讓我們來看看西奧的例子。西奧就是那種已經把問題寫在紙上的人，上面寫著「我有時候會跟老闆生氣，在幾乎所有社交場合和一些工作場合中，我都很緊張，一般來說，我沒什麼自信，經常感到內疚，因為我常讓朋友失望。」

對西奧來說，首要的問題就是「幾乎在任何社交場合都感到緊張」。我們就以概括的方式，在 A 處寫下引發事件，C 處寫下情緒結果：

A	C
社交場合	緊張

但是，西奧所說的「緊張」是什麼意思？它是不健康的緊張還是健康的緊張？我們需要更仔細地看看這個結果。

找到你的「C」

在理性情緒行為療法中，有八種不健康的負面情緒和八種健康的負面情緒。幾乎所有人對事物的反應，都可以歸結為其中一種情緒或是兩種的結合。

簡單來說，不健康的負面情緒，是針對事件的不恰當情緒反應；而健康的負面情緒，是對同樣事件的恰當情緒反應。

就像我之前提到的，理性情緒行為療法並不是要促進正向情緒（雖然你可能會感覺更正向），也不是要你變中庸（雖然你確實可能變更中庸）。它其實是在促進理性。

有時，當事情出錯時，你所能說出最理性話語就是：「真的爛透了！」有時，擔心你認為重要的事，或特別擔心你認為非常重要的事，這是完全理性的。

假設馬上要考試了。如果我的信念是「我必須通過考試，如果沒通過，將會非常糟糕。」那麼，我會對即將到來的考試感到焦慮。複習會更加混亂、記憶力會變差、睡眠會被打亂，我反而可能表現得很差或驚慌失措，完全無法發揮。

然而，如果我的信念是「我希望可以通過考試，但我知道並不是非通過不可，如果不及格，雖然不好，但也沒到糟糕的地步。」那麼，我既不會驕傲自滿，也不會漠不關心，我仍然會在乎考試，因為我希望能通過。我對考試的情緒反應是在意、擔心，甚至是緊張、興奮。因此，我在複習、睡眠、記憶方面都會得到改善，在考試那天，就更可能表現得很好。

讓我們依次來看看八種不健康的負面情緒，以及對應的健康情緒。請記住，這是一本自助書籍，沒有什麼可以取代一個好的治療師，尤其是如果你正在處理好幾個問題、情緒變化極端，或是正在處理一個確診的情緒症狀。

所以，如果你讀完下面對每種情緒的簡單介紹，發現自己很難確定是哪一種情緒，或很難從各種情緒中篩選出一個，最好是把書放下，去找專業人士幫忙，之後再來看書。

八種不健康負面情緒，及其對應的健康負面情緒是：

不健康負面情緒	**健康負面情緒**
焦慮	擔心
憂鬱	悲傷
憤怒	煩躁
不健康的吃醋	健康的吃醋
不健康的嫉妒	健康的嫉妒
罪惡感	自責
受傷	失望
羞恥	後悔

每一種不健康的情緒都有各自的議題，並伴隨著典型的思想和行為。這八種健康的負面情緒也會伴隨著這些特定情緒的思想和行為，但相關的思想和行為會更加理性、合理和恰當。不健康的信念會導致不健康的負面情緒和行為，同樣地，健康的信念就會導致健康的負面情緒和行為。

不健康：焦慮

焦慮的議題是威脅或危險。當你處於不健康的焦慮狀態時，你通常會高估威脅發生的可能性，並低估自己應對威脅的能力。你也可能在腦海中製造更多負面或噩夢般的威脅，很難集中精力在日常生活上，也就是說，你很容易分心。

在行為上，焦慮的人會迴避他們焦慮的事情，或是在極端的脅迫下（有明顯的焦慮症狀）選擇容忍。他們也可能會用酒精或藥物來安撫自己的情緒，尋求慰藉（我還好嗎？我很好對吧？）甚至用迷信的行為來抵禦威脅。

健康：擔心

這是焦慮的健康版本。它有相同的議題，也就是威脅或危險。然而，當人們擔心（或憂慮）時，他們不會高估這種威脅發生的可能性，也不會低估自己應對這種威脅的能力。

他們通常不會在腦中製造更多負面的、噩夢般的威脅或戲劇性的事情，雖然有一些事情需要擔心，但他們比較能集中精力在日常生活上。

因此，他們會勇敢地面對威脅或危險，並以有建設性的方式處理它（如果它真的發生），甚至會採取行動，讓發生的可能性降到最低。不會逃避，不需要鎮靜，不需尋求慰藉或從事迷信的行為。

基本上，如果是健康地擔心，你的態度大概會是：「好吧，我會處理的，雖然我不喜歡它。」或「如果它發生了，我會處理它。」*

不健康：憂鬱

焦慮是針對未來，著眼於還沒有發生或根本不會發生的事。憂鬱則是看向過去，看已經發生的、很可能已經無法改變的事情。憂鬱的議題是失去和失敗，這部分是暗示未來的失敗，有點對未來的預測。當你憂鬱時，你只會看到失去或失敗的負面部分，沉溺於你經歷過的所有失去和失敗，結果，你會感到非常無助、沒有希望，認定未來絕對不會光明。

* 強調「如果」。如果你是不健康地焦慮，等於是已經決定了它會發生。但當你健康地擔心時，「當它發生」通常會變成「如果它發生」。

憂鬱的人會脫離所有援助，如工作、運動、興趣、朋友和家人等，只關注自己。他們會創造與這種感覺一致的環境，如不打理自己的外表，讓家事堆積成山等，並試圖以自我毀滅的方式終止憂鬱的感覺，像是用酒精、藥物，在極端的情況下，甚至會企圖自殺。

健康：悲傷

這是憂鬱的健康表達方式，它仍然圍繞著失去和失敗的議題（對未來的暗示）。生活中確實會有失去和失敗，有時比我們想的還要多。然而，當你悲傷時，這雖然不是一種愉快的經歷或情緒，但這件事的積極和消極面你都能看到，不會沉溺其他的失去和失敗，因此，雖然沮喪，但你不會感到無助或絕望，你可以看到未來，而且未來看起來確實比現在更光明。

你可以和朋友、家人等談論你的感受，儘管在處理失去或失敗時，你可能會有所退縮，但不久之後，你就會重新投入到生活、工作、興趣和社交等*。

不健康：憤怒

憤怒是關於挫敗感、目標受阻礙、規則被破壞和自尊受威脅。生活有時是很令人沮喪的，我們的目標受阻，我們都有自己的規則，有時會被自己或別人打破。當我們憤怒時，會高估別人的故意程度或覺得別人是惡意的，我們會傾向於帶著道德權威，認為我是絕對正確，而你是絕對錯誤的，因此很難看到對方的觀點，可能會策畫甚至實施報復。

在行為方面，你也知道憤怒的人會做什麼，他們可能會進行肢體上或言語上的攻擊，也許兩者兼有，或他們會表現出消極的攻擊，像是說「我沒事」，但實際上他們並不是沒事，只是希望你再努力一點去發現。他們可能會用踢貓或摔門的方式來發洩憤怒，或怒氣沖沖地奪門而出（也被稱為攻擊性撤退），甚至可能會找其他人來對抗他們憤怒的對象。

健康：煩躁

跟憤怒是同樣的議題，也就是挫敗感、目標受阻礙、規則被破壞和自尊受威脅。就算你是一個完全理性的人，這些事情早晚都會發生。然而，在這裡你不會高估對方的故意程度，不太會從他們的行為中看到惡意的意圖，你摒棄道德上的絕對主義（少了些對與錯，多了些灰色地帶），更能從他們的角度看問題，而且你也不會偷偷摸摸策畫報復行動。

感到煩躁的人表現出的行為完全不同。如果事情沒那麼重要，他們會比較容易放手；

---

* 當你被診斷出憂鬱或重度憂鬱時，人們總會試著告訴你一些話，比如「振作起來，沒那麼糟糕」或「你有試著不要那麼憂鬱嗎？」這是因為他們不了解憂鬱症的感覺，不了解它會造成什麼。他們從來沒有得過憂鬱症，所以他們唯一的參照就是「悲傷」。人們能否理解他人的經歷，取決於他們是否親身經歷過。如果他們有，就不會說這樣的話了。

如果事情很重要，他們會更有效地表達自己的挫折感，更有效地維護自己的權利，如果他們認為有必要，也會請讓他們失望的人做出改變。請注意，這裡是請求改變，而不是要求改變，因為我們不喜歡理性情緒行為療法中的「要求」，對吧？而一個煩躁的人，在他們盡了最大的努力處理之後，就會平靜地離開*。

不健康：吃醋

這裡的議題是「擔心你們的關係」。一般來說，這種情緒是跟另一半有關，但也有其他類型的吃醋，比如兄弟姊妹之間的競爭。在感情關係中，有一個威脅（通常是有另一個人），於是，你認為伴侶已經欺騙了你，正在欺騙你或將會欺騙你。當你非理性地思考，你會看到實際上並不存在的威脅，會覺得你們的關係真的即將結束了，誤解對方對其他人的話語和行為，覺得含有浪漫或性的意思，生動地想像另一半的各種行為。如果你的伴侶承認欣賞另一個人，你可能會抓狂。

不健康吃醋的人通常會不斷尋求保證，會監控伴侶的行為和感受，可能會尋找他們與他人互動的證據，比如偷看訊息和電子郵件，試著限制伴侶的動作和活動、生悶氣，安排各種測試和陷阱，比如找某個人在他們外出時和他們搭訕，然後把他們的反應告訴你，甚至自己也去找其他對象，來報復假定的不忠行為。

健康：吃醋

這和情感關係中的安全感不一樣，你可以把它看作是信任，不過也帶點緊張。因為，這裡的主題還是相同的，即「擔心你們的關係」。也許有人對你的伴侶感興趣，人不會因為有男女朋友或結婚而停止吸引其他人，或發現他人很有吸引力。然而，你比較能把伴侶的互動看作是無害的，即使他們正在跟人調情或被搭訕，你會知道「這只是開開玩笑。」

你不會想像他們和別人在一起，你可以（或多或少很有風度地）接受你的另一半覺得其他人有吸引力的事實。然而，你不會把這些吸引力視為威脅。你的伴侶可以自由表達他們對你的愛，而不是總要來安撫你。你覺得沒有必要去監視他們的行蹤、想法、感覺或行動。沒人會設什麼美人計，沒人會為了安全起見，每半個小時就發簡訊給對方，而且你也不會因為對方對某人微笑，就出去和別人亂搞。這樣不是很好嗎？

不健康：嫉妒

與吃醋相似但又不同的是嫉妒，嫉妒的主題是別人得到了你非常渴望的東西，而你自己卻沒有。也許是一次升遷、最新的蘋果手機、一輛奧斯頓・馬丁或是一段火熱的新感情。

＊ 沒有貓會被踢，沒有門會被摔，也沒有人會說「我沒事」，除非他們真的沒事。

當你處於不健康的嫉妒時，你會傾向於侮辱和貶低這樣東西的價值或擁有它的人，你（很不成功地）試著說服自己，你對自己的命運很滿意。你可能會計畫如何讓自己也獲得（不管有沒有需要），或密謀剝奪他人的寶貴財產，甚至思考如何破壞它。你可能會侮辱和詆毀這個人或他們的所有物，甚至企圖把它拿走或摧毀它，這樣他們就不再擁有它了。很幼稚，我知道。

健康：嫉妒

好吧，某人很可能擁有你非常渴望的東西，但你自己沒有。然而，當你處於這種特殊情緒的健康面時，你只是坦白承認你也很想要這樣的東西，如果你真的不開心，你不會試圖說服自己你很滿意自己的命運，你會思考怎麼才能得到，因為你是真心想要一個。

你允許別人擁有和享受你很想要的東西，而不會貶低他們或那樣東西。而且，如果你真的想要，你會自己努力去得到，沒有人會摔倒，也沒有人的東西會被弄壞*。

不健康：罪惡感

罪惡感就是跟「罪」有關，有執行之罪（我做了一些本來不該做的事），還有疏忽之罪（我沒有做一些本來該做的事）。在這裡，我們已經有麻煩了，因為這兩個句子都包含了要求。我們都有自己的道德準則，有時我們會違反它，無論是有意還是無意的，也有一些時候，我們沒有做到這些準則。這些「罪」可能傷害我們在乎的人。

然而，當信念和情緒不健康時，有罪惡感的一方會認為他們確實犯了罪，承擔了比實際情況更大的個人責任，讓對方承擔比較少的責任，不考慮任何可減輕罪惡感的因素，也不把自己的行為放在整體情況下考量，並認為（或相信）他們會得到某種形式的懲罰。

那麼，有罪惡感的人會做什麼呢？通常，他們會試著以自我挫敗的方式，逃避罪惡感的痛苦，請求被他們傷害過的人原諒，並（不切實際地）承諾自己再也不會犯錯，懲罰自己（生理上，或剝奪自己的某些東西），拒絕承擔過錯的責任，拒絕任何寬恕。

健康：自責

還是跟罪有關，因為有時我們做了不應該做的事（跟道德準則有關的），或是沒做應該做的事，然後我們關心的人受到了傷害。然而，當你的信念是健康的，你所感到的情緒是悔恨，事情就會改變。在決定自己是否真的有罪之前，你比較能夠從整體角度考慮你的行為，你會承擔適當程度的個人責任，但也分配適當程度的責任給他人。

---

* 你會笑著說：「我超嫉妒的。」同時恭喜他們得到的東西。

你還會把減輕罪行的因素考慮進去，把這些行為放在一個整體的情況下考量，不會覺得自己必須受到懲罰。你會面對罪帶來的痛苦，會請求而不是乞求寬恕（並且接受這樣的原諒），理解做錯事的原因，並採取相應的行動去彌補過錯並進行補償，而不是為自己的行為找藉口。

不健康：受傷

受傷的議題是，有人對你很不好，而你不該遭受到這樣的對待。這個人通常是很重要的，例如伴侶、朋友、家庭成員。當你受到這種傷害時，你高估了他們行為的不公平性，你相信他們不關心也不在乎你的痛苦，你感到孤獨、沒人關心、被人誤解。

你傾向於一直反思過去的傷害，並期望對方在修復關係和療傷中邁出第一步。通常，受傷害的人不會去和對方談，而是會停止交流。你會生悶氣，明顯流露出很不高興，卻不透露生氣的原因，甚至可能會批評或懲罰對方（間接地，因為不肯和對方說話）。

健康：失望

跟受傷同樣的議題，有人對你很不好，而你不該遭受到這樣的對待。這是「很重大的」。不過，現在你已經持有健康信念，你會比較實際地看出他們是多麼不公平，在你眼中，他們是表現得很不好，而不是對你的困境漠不關心。

你不會感到孤獨、被忽視或被誤解，你也不會沉湎於過去的傷痛中。同時，你也不覺得對方必須先採取行動來治癒這個傷害。這樣一來，你就能有效地表達你的感受，並能讓他們以更公平的方式對待你。

不健康：羞恥

羞恥的議題是，當你感覺某些可恥的事物被（或即將）暴露，無論這些事情是你自己還是跟你有關的人（被自己或他人暴露）。當你覺得你的行為跟理想狀態有很大差距，或是你相信其他人會看不起你、避開你或你的團隊。這部分涉及的很多，我相信你也同意。

當你感到不健康的羞恥時，你通常會高估這些訊息或流言的「羞恥」程度，不僅高估了人們感興趣的程度（甚至是注意到或關心的程度），也高估了他們不贊同的程度和這件事會持續的時間。有罪惡感的人通常會切斷與他人的聯繫，將自己隱藏起來，試圖以攻擊來保留面子，以自我挫敗的方式來捍衛自尊，並忽視其他人想恢復和諧的任何嘗試。

健康：後悔

最後是後悔，某些可恥的事物被暴露，無論這些事情是你自己，還是跟你有關的人；

當你覺得你的行為方式與理想不符，或覺得其他人會看不起你、會避開你或你的團隊。

然而，有了健康的信念和情緒，你能以一種同理和自我接受的方式，看待自己和這些八卦，不僅能更實際地看到別人到底有多少興趣，也能看到實際上會收到多少反對意見，以及這些事會持續多久時間。

因此，你會繼續參與社會活動，對其他人調解和恢復和諧的任何嘗試，都能做出很好的回應。這對所有相關的人來說，都是相當不錯的。

生活中的困擾，多是由八種不健康的負面情緒所引起

所以，這就是八種不健康的負面情緒，以及相對應的八種健康負面情緒。說到要選擇一項來處理的話，如果你感到受威脅，想要避免某事，那就是焦慮；如果你覺得自己失敗了或遭受損失，感到絕望無助，想要躲起來，那就是憂鬱；如果你覺得有人違反了你不成文的規則，想對他們大聲表達你的想法，那就是憤怒；如果你擔心你的感情關係，當伴侶和另一個人交談太多，你就會抓狂，這是不健康的吃醋；如果別人擁有你想要的東西，你因此而怨恨他們，這是不健康的嫉妒；如果你覺得自己做錯了什麼，應該受到懲罰，那就是罪惡感；然而，如果你覺得別人對你做了錯誤的事，你不該被這樣對待，但你只是生悶氣，期待他們先採取行動，這就是受傷；最後，如果你覺得尷尬到得躲著你所有的朋友，

這是羞恥。

焦慮和憂鬱是人們來尋求治療的最常見症狀。我在這裡說的憂鬱，指的是一種情緒問題，而不是一種醫學上的臨床症狀。這裡說的是對某些特定事情的反應，比如失去工作、感情關係、社會地位，甚至是生活本身。

由生活本身引起的憂鬱可能看起來相當模糊，而不是一個具體的事情，比較像是哲學難題，而不是引發事件，但它本身也可以是一個具體的問題。

許多年前，當我以專業治療師身分，剛開始執業生涯的前幾個月，有一位客戶請我幫助他治療憂鬱。他很難確切說出自己為什麼感到沮喪。而且，因為我是新手，也因為我被教導要堅持下去，直到幫助這個人定義出具體要處理的事情。

所以我不斷地向他提出問題，一個接著一個，直到最後，在一團鼻涕和一堆衛生紙中，他淚眼汪汪地說：「就是我的生活，我的生活就是屎，爛透了。」然後開始哭泣。我才意識到，生活確實是一個引發事件，而這個要求就是「我的生活不應該如此糟糕」。因此，這就是我們要處理的部分。

如果你認為你的情緒是健康的，你要做什麼？

嗯，其實沒什麼要做的，或許可以給自己泡一杯好茶或咖啡，然後繼續讀這本書，就當作是興趣閱讀。這是一件好事，這表示你很好，你的情緒很好，你沒有任何情緒問題需要解決，你的情緒反應是健康而恰當的。

有些人帶著他們認為是情緒問題的問題來接受治療，然後驚訝地（有時是愉快地）發現他們實際上是以健康、有建設性的方式思考、感受和行動。為即將到來的考試擔心（而不是焦慮）是完全沒問題的；因為一段關係的破裂或失業感到悲傷（但不是憂鬱）是很合理的；對某人不可接受的行為感到生氣或煩躁（但不是憤怒）也是完全可以接受的。

當生活給你挑戰和困難時，我們並不希望你「什麼感覺也沒有」，因為那樣真的很奇怪。如果你的想法和行為符合某種特定情緒的健康表達，那麼一切都好。

接下來，我們要拿一個問題來評估它的ＡＢＣ，所以讀完這個情緒列表後，如果你心裡已經有了一個問題，並且認為剛讀到的一些東西適用於你，請把它記下來。

評估引發事件

回到西奧的社交焦慮。為了弄清楚他到底怎麼了，我請他舉一個在社交場合「緊張」的實際例子，通常會出現什麼狀況是他最想要解決的，以及一個他腦海中最近期，或最難忘、最生動的事件。我希望他想到的這個事件，要盡可能具體、難忘和生動，因為這樣，我們的思緒就能流動起來，比較可能發現到底問題是什麼。西奧這樣告訴我：

「嗯，這是讓我決定來這裡的最後一件事。上個月是我朋友貝絲的生日，她是我最好的朋友，她要開派對，她知道我在社交方面有問題，但她真的很希望我去，也要我答應一定會去。我照做了，但才剛答應我就覺得很不安，而且隨著日期越來越近，我就越來越焦慮。有時候我整個頭腦唯一能想的就是這些，擔心所有在派對上會出錯的事情，有時會擔心到忘記自己在做什麼。

「派對前的那週特別難熬，影響了我的睡眠。然後，當天我決定取消了，我沒有去。我讓貝絲失望，我真的感到很內疚。她對我很失望，所以我決定做點什麼。我老是這樣，總是說我會去，自欺欺人地說我可能去，但我知道我不會去，然後臨陣脫逃，再因為讓別人失望而感到內疚。」

從前面的故事可以清楚看出，西奧對社交活動有著不健康的焦慮。這種情緒不僅妨礙了日常生活中的事務（有時他會忘記自己在做什麼，還影響他的睡眠），他還以不參加聚會來逃避。在目標方面，西奧的需求非常明確。他想要控制自己的焦慮，讓自己能夠社交、參加聚會，不讓朋友們失望。

所以，西奧的ＡＢＣ表格看起來是這樣的：

A	C
貝絲的派對	焦慮

接下來，我們需要更透徹地評估西奧的引發事件。對參加貝絲的派對感到焦慮，並不足以找出是四種毒性想法中的哪一種煩擾著他，以及具體的信念到底是什麼。社交活動可能有很多方面讓他感到不安焦慮，但其中必定有一項是最讓他煩擾的，有一項引發了最多的焦慮。

人們通常都很了解自己，你也很了解自己，這很方便，因為等一下我會請你簡要地列出這樣的問題。現在，我讓西奧閉上眼睛，想像派對那一天，然後問他：「去貝絲的派對，哪件事最讓你感到焦慮？」西奧很可能回答得出這個問題，他可能會回答：「說錯話」或「不被喜歡」，甚至是「被在場的其他人評判」。無論他給出什麼答案，那就是引發事件（貝絲的派對）中最煩擾他的部分。這就是所謂的關鍵Ａ。我來重複一下，因為它很重要。

關鍵A是引發事件中最令人煩惱的部分

如果西奧不能給出一個簡潔或明確的回答，我們可以列出他認為會引起焦慮的所有事情。列表看起來可能像這樣：

西奧覺得貝絲的派對令人焦慮的事情有：

- 說錯話
- 不被喜歡
- 被他人評判
- 無話可說
- 讓自己出糗
- 人們注意到我很緊張
- 人們知道我害羞
- 太害羞而不敢說話

現在我們有了一些進展，我們更清楚了解了西奧焦慮的是什麼。所有列在清單上的內容都是令西奧焦慮的事、會產生不健康的信念。但是，其中一項是最令他焦慮的，它所產生的不健康信念，就是我們需要努力去處理的，才能讓西奧參加派對。當被問及哪一項最讓他感到焦慮時，西奧選擇了「被他人評判」。各位女士先生，現在贏家出現了。而現在西奧的ＡＢＣ表格是這樣：

A	C
被他人評判	焦慮

現在，西奧說的夠多了，我們要讓他休息一下，因為輪到你了。我想請你寫下一個問題——一個引發事件Ａ，使用先前討論過的情緒為引導，在Ｃ處寫下結果。

A	C
我的引發事件是：	我的情緒是：

現在，請你舉出這個問題的一個具體實例，就像西奧做的那樣，挑選一個你想要處理

的最典型的問題，這個例子要是最近期的，或是你腦中記憶最深刻或最生動的。現在，像寫一個小故事一樣把它寫下來。

評估你的引發事件

現在，我們來找出關鍵 A。我希望你寫下這故事中最讓你煩擾的部分，也就是這情境中最讓你焦慮的部分（如果你要處理的是焦慮），或情境中最令人憂鬱的部分（如果你要處理的是憂鬱），或最令人憤怒的部分等。如果你不能馬上挑出來，就把情境中所有讓你煩擾的事項都列出來。

這情境中讓你煩擾的事情包括：

現在你有清單了，找出最讓你心煩意亂的一件事——你的關鍵 A，然後把它寫在下面的 A 欄裡，別忘了同時寫下情緒結果 C。

A	我的引發事件是：
C	我的情緒是：

現在，你已經準備好進入下一個部分——制定你的信念。但首先，你可能會想要休息一下，因為你已經達成不少成就了。休息一下，喝點飲料，呼吸一些新鮮空氣，等到你準備好進行下一部分時再回來做。如果你現在已經準備好了，那就繼續吧。

制定信念

到目前為止，你已經非常熟悉四種毒性思考，或說在ABCDE心理健康模式中，可能放在B位置的四種不健康信念。我說「可能放在B」是因為要求必定是存在的，但我們不知道在這種情境下，你可能還有其他三種信念中的幾種。不是每個人都會糟糕化，不是每個人是低挫折容忍度，也不是每個人都會貶低自己或別人。

即使你在某一種特定要求中，同時持有這三種信念，那也並不表示在與問題相關的另一種要求中，你也一樣同時持有這三種信念。尋找你的要求，而其他三個信念，就要根據個案而重新評估。

目前為止，關於西奧我們有：

A	C
被他人評判	焦慮

要求通常就是最困擾你的那件事僵化版本，它是關鍵 A 的僵化形式。它是句子裡面有「必須」、「絕對不能」、「應該」、「不應該」的關鍵 A。

舉個例子，如果我有地鐵恐懼症，而最令我煩擾的事情就是被困在隧道裡，那麼我的要求就是「我絕對不能被困在隧道裡」。如果我對另一半生氣，最讓我煩擾的事就是他們不尊重我，那麼我的要求就是「他們必須尊重我」。西奧的問題是社交焦慮，而這個問題最讓他困擾的部分是被別人評判，所以他的要求是「我絕對不能被別人評判」，這樣一來，表格如下：

A	被他人評判
	教條式要求
B	我絕對不能被他人評斷
C	焦慮

現在，我們必須知道西奧有沒有「戲劇化」、「我做不到」，或在面對這種要求時「貶低」自己或他人。千萬不要自動假設它們全都有。

記住，「糟糕」是對你的要求沒有得到滿足時，其不良程度的評價，「低挫折容忍度」是對你處理要求沒有得到滿足的能力的評價，而「譴責自我、他人或世界」則是你的要求沒有得到滿足時，對自己、他人或事件的評價。

所以，我們問西奧，請他想著貝絲的派對，在他想到被別人評判，感到很焦慮、最煩擾的時刻，別人評判他，對他來說是不是很糟糕——簡直是史上最糟糕的事？如果答案是肯定的，就寫下來；如果答案是否定的，就不用寫下來。

重要的是傾聽，不是你的想法，而是你的直覺。不要去想答案，感受它。你的大腦，在你所處的情況下（你目前的情況是閱讀本書，而西奧的情況是待在諮商室），會試圖給出理性的答案。但我們現在不想要理性的答案，而是要非理性的答案，讓那些煩擾說話。

我們不希望你去思考，希望你直接反應。在西奧的例子中，他給的答案是肯定的，他認為參加貝絲的派對，而其他人對他進行評判的話，那就太糟糕了（這是他所能想像到最糟糕的事）。那麼，現在我們有兩個信念：

A		B	C
被他人評判	教條式要求	我絕對不能被他人評判	焦慮
	戲劇化	被他人評判就太糟糕了	

現在，我們同樣要來測試低挫折容忍度，當想到貝絲的派對和被別人評判的時候，當他在最焦慮的時候，如果他被評判，會是無法忍受的嗎？同樣地，我們希望聽到西奧最焦慮時的真實反應，我們想要他的直覺來回答，而不是頭腦。西奧的回答還是肯定的。所以，現在我們有三個信念：

A		B	C
被他人評判	教條式要求	我絕對不能被他人評判	焦慮

	戲劇化	被他人評判就太糟糕了	
	我做不到	如果被他人評判，我會受不了	

最後，我們還需要檢視他是否會譴責自己、他人或世界。通常，社交焦慮會是自我譴責。在西奧最焦慮的時候，他會以任何方式貶低自己嗎？不要忘記自我譴責包括這類的用詞：沒有用、沒有價值、愚蠢、失敗者、白痴、垃圾、廢物等。西奧說確實如此，並選出「失敗者」和「白痴」，這是他自我譴責的用詞。所以，現在我們有四個信念了，西奧的ABC是這樣的：

A		B	C
被他人評判	教條式要求	我絕對不能被他人評判	焦慮
	戲劇化	被他人評判就太糟糕了	

	我做不到	如果被他人評判，我會受不了	
	貶低羞辱	如果被他人評判，我就是個白痴跟失敗者	

根據理性情緒行為療法，當西奧想到貝絲的派對時，就會上演這些事，它引發的信念是：「我絕對不能被別人評價，被別人評價是非常糟糕的，被別人評價讓我無法忍受，被別人評價，我就是個失敗者和白痴。」正是這種信念引發了他的焦慮，有時候他甚至會忘記自己在做什麼，在活動前幾天失眠，然後到了那天，他乾脆取消不去參加。

為了確定我們是否確實找到了他的信念，我問西奧這是不是對問題的準確描述。他很肯定地回答說：「是的。」

現在，我們要來看看每個信念的健康對等物。為了提醒你，這裡還有另一個表格：

不健康信念	**健康信念**
我必須擁有○○○	我希望能擁有○○○，但我不是非擁有○○○不可

我沒有〇〇〇就糟透了	如果我沒有〇〇〇很不好，但也不會到糟透了
我沒辦法忍受得不到〇〇〇	得不到〇〇〇會很難受，但我知道我可以忍受
如果我沒有〇〇〇，我就是失敗者	就算我沒有〇〇〇，我也不是個失敗者，我是個有價值、可能犯錯的人

也就是說，西奧的健康信念看起來會像這樣：

A	B	C
被他人評判	靈活的偏好	我不喜歡被別人評判，但我沒有理由絕不能被評判	
	洞察力	如果別人對我品頭論足，那很不好，但也不會很糟糕	
	我做得到	如果別人對我評頭論足，我會覺得很難受，但我知道我能忍受	

	無條件接受	即使別人對我品頭論足，我也不是一個失敗者或白痴，我是一個有價值的、可能犯錯的人

現在，有一個非常重要的問題。如果西奧持有的是這些信念，它們是他心中預設狀態的話，他會怎麼思考、有什麼感覺、如何行動？西奧說，他會擔心別人評判他的可能性，但不會為此感到焦慮，他會覺得更能有自信地參加派對和社交活動。他補充說，有了這樣的信念，他一定能參加貝絲的生日派對。而且，同樣重要的是，如果真的有人評判他，雖然他可能會很難過，但並不會因此而被毀滅。

聽起來很棒，對吧？也就是說，這是個好的信念系統，可以朝它努力，基本上，這是幫助西奧實現目標的好方法，也就是西奧的有效理性觀點——ABCDE模式中的E。也就是說，如果他持有這些信念，他就會這樣思考、感覺和行動。

制定你的不健康信念

好，現在輪到你了。你已經有了A和C，現在是時候制定你的信念了。

無論你在A處放進了什麼，都將成為B處的要求：

控制不了自己 → 我必須控制自己
不受尊重 → 你必須尊重我
我沒有告訴你 → 我應該告訴你的
我的生活糟透了 → 我的生活不該這麼糟
沒有上天堂 → 我必須進入天堂

A		B	C
我的引發事件是：	教條式要求		我的情緒結果是：

一旦你確定了你的要求，就可以繼續找出在面對要求時，你持有其他三個信念中的哪一個？別忘了，不是每個人都會「糟糕化」，不是每個人都表現出「低挫折容忍度」，也不是每個人都會貶低自己、他人或事情。

問問你自己，在我最煩擾不安時，是不是很糟糕？在我最煩擾不安時，是不是難以忍受？在我最煩擾不安時，我是貶低別人還是自己？請給出最情緒化的答案，跟著你的感覺走，而不是跟著你的理性走。

如果感覺很糟糕，你就是有那個信念；如果感覺難以忍受，哪怕只有一瞬間，你就是有那個信念；如果你覺得自己是個失敗者，你就是有那個信念。

即使是在你最不安的時候，如果你認為你不會這樣說、你沒有這樣想過，那就沒有必要寫下來。

A		B	C
我的引發事件是：	教條式要求		我的情緒結果是：
	戲劇化		
	我做不到		
	貶低羞辱		

在繼續前進前，看看你前面寫的信念。這些信念就是理性情緒行為療法所說的，引發了你的煩擾不安（不健康的負面情緒）。它們聽起來是不是對問題的準確描述？如果是，你可以開始制定健康的替代信念。如果不是，你可能需要重新思考一下，然後再做一遍。

制定你的健康信念

不要忘記，偏好需要「否定」需求，「我一定要有○○」變成「我想要○○，但我不必非擁有不可，法律並沒有規定我必須擁有它」。而「○○絕對不能發生」變成「我希望○○不會發生，但它沒有理由不應該發生（或沒有法律規定它不能發生）」。

糟糕化的健康替代品，仍然需要考慮到這種情況的「不好之處」。高挫折容忍度仍然需要考慮到困難度和情勢的艱難之處。而對接受自己、他人和世界，也仍然需要考慮到所有事情的價值和錯誤的本質。

A		B	C
我的引發事件是：	靈活的偏好		
	洞察力		
	我做得到		
	無條件接受		

現在，最重要的問題來了，如果你持有前述健康信念，你會如何看待你的引發事件？你會有什麼感覺和行動？你認為自己還會注意到哪些有益的影響？如果你沒有得到想要的東西，你會有什麼感覺？

簡而言之，這些信念聽起來能幫助你實現目標嗎？聽起來像值得努力的好信念系統嗎？是嗎？太棒了。

現在你有了一系列不健康信念，這些會引起你的問題，你也有一系列健康的信念，能改變你的思考、感覺和行動方式，幫助你實現治療與生活的目標。

做得很棒，你已經挺過書中最艱難的一節了。現在，讓我們看看要做的事情，然後這週要做的事就差不多完成了。

第二週要做的事

- 找出你的信念，包括不健康和健康的。熟記它們，如果有人問你它們是什麼，你要能夠逐字複述，而不用看你寫下的內容

在開始閱讀第三週的內容前，請回答以下問題：

想一想

- 這一節在說什麼？

- 你能把你找出的信念，與生活的其他領域連結起來嗎？
- 在過去一週裡，透過閱讀本節、了解自己的信念，並反思這些信念可能涉及的其他領域，你是否有過一些理解或「頓悟」的瞬間？

11 第三週 質疑你的想法，不斷反思

「智能的成長應該始於出生，至死方休。」

——愛因斯坦

當不健康的信念占據主導時，理性就會消失。就像在玩捉迷藏一樣，等到你平靜下來之後，理性又會悄悄地溜回來，你會覺得奇怪，自己為什麼把本來沒什麼大不了的事搞得那麼嚴重。這就是為什麼質疑信念很重要。理性情緒行為療法可以讓你在不理性時仍保持理性。它可以讓你學會在做出反應前先思考。

所以，現在你已經找出你的不健康信念，並制定了健康的替代品，是時候轉向ABCDE心理健康模式中的D了。在這裡，D代表反駁，這只是用一個比較強烈的字眼表示質疑，也就是一遍又一遍質疑信念的過程。透過這個過程來削弱你持有的不健康信

念，並強化健康信念。在這個過程中有幾種不同的練習，幫助你一點一點地改變思考、感覺和行動的方式。

之前已經介紹過第一種反駁練習，叫做「反駁辯論」或「反駁」，它是貫穿本書第一章和第二章的主軸，在你閱讀四種不健康信念和四種健康信念時做過。但是，為了加深你的印象，在這裡會再做一遍。這樣似乎有點重複，但它很重要，理由有兩個。

首先，反駁是挑戰自己信念的基石，如果沒有進行反駁，你就像是站在非常危險的地基上（至少在情緒方面）前進。第二，重複就是關鍵，它是我們學習的方式。從我們小時候開始，學習就是透過不斷重複而進入腦中，並且會永遠待在腦中。

假設我問你，三乘以三等於多少？六乘以六是多少？你可能會對我在一本自助書中突然提出數學題感到驚訝，但我希望你能馬上回答出九和三十六，更重要的是，不用計算機、手指，或鉛筆。因為九和三十六已經在你的腦海中根深柢固，這兩個問題的答案就是它們，沒有必要去質疑或檢查，因為你一直都知道。但是，它們是怎麼進到你腦中的呢？完全是靠重複。也許你就像我一樣，小時候在學校裡和全班同學一起，一遍又一遍地背誦九九乘法表，直到它們不可磨滅地刻在記憶裡。

這就是我們需要做的，不光是反駁式的辯論，還有接下去的所有練習。為了讓你確實轉變、改變你的信念、控制不健康的負面情緒，重複是關鍵。

對信念進行反駁

如果你還記得的話，反駁要用到三個問題（或說三個質疑），分別是：

1.「這個信念是真實的嗎？」
2.「這個信念合理嗎？」
3.「這個信念對我有幫助嗎？」

把這些問題逐一用於每個不健康的信念，當然也要用於健康的信念。別忘了，這些問題在每個領域中都能用上，數學、科學、哲學等。它們是質疑任何事情的絕佳方式，嗯，幾乎任何事情。看看什麼站得住腳、什麼會被擊倒，無論是一篇科學研究、一個哲學思考，還是一個政治觀點。而這正是我們需要對你的信念做的事。

「這是真實的嗎？」是科學問題也是法庭問題，因為它講究的是證據，你必須提出證據來支持你的陳述。「這合理嗎？」是邏輯的或合乎常識的問題，它會問：「只因為你認為〇〇〇，從邏輯上來說，能推論出×××嗎？」最後，「這對我有幫助嗎？」是最明顯的問題。你有一個目標，只要問問這個特定的信念是否能幫助你實現目標。

反駁是一種很棒的技巧，無論是用於哲學上還是治療上。你最後一次質疑自己思想的正確性是什麼時候？或是去質疑它們的邏輯和實用性，無論是對你自己還是對它們帶來的結果？你認為你現在所依據的思想中，有多少是無效的、不合邏輯也沒有幫助的？如果你放下這些想法，對你來說代表著什麼？如果把它們換成既有效又合邏輯、對你有幫助或能帶來你想要結果的想法，你會得到什麼？

讓我們複習一下我們可能持有的信念：

教條式的要求

要求絕對不是真實的。如果是的話，你百分之百能得到它們，會一直得到它們，而且你可以保證自己絕對能得到它們。要求並不合理，只因為你希望某件事發生，並不代表它一定會發生。要求對你沒有幫助，它們讓你感到煩擾、崩潰。

戲劇化

糟糕化的想法是不真實的，因為你總能想到更糟糕的事情。只因為某件事是不好的，邏輯上並不代表它非常糟糕。說它很糟糕對你沒有幫助，只會讓情況變得比實際上更糟，還會把你變成誇張的戲劇大王。

我做不到

相信自己無法應付或忍受某些事情是不真實的。如果你真的不能忍受某件事，它會要你的命。只因為你覺得某件事很難處理，就說你無法忍受，這並不合理。相信這點對你也沒有幫助，它會削弱你，讓你失去力量，而且更可能讓其他不健康的應對策略悄悄冒出來。

貶低羞辱

說你沒用、愚蠢、白痴是不真實的。一切你做得很正確的事情、所有你達成過的事情，都是有力的證明。這同樣適用於其他人，甚至是整個世界。只因為你或其他人在某件事上失敗了，並不代表你或他們就是徹底的失敗者，這在邏輯上說不通。這個世界不可能是完全可怕的，因為它有許多美好之處。而且，貶低他人和處境對你也沒有幫助。

所以，不健康的信念是不真實的、不合理，而且對你沒有幫助。

對健康信念來說，就完全是另外一回事了。

靈活的偏好

偏好都是真實的。如果你說你比較喜歡某樣東西，那麼這對你來說就是真的。但是，如果你沒有得到它，那麼相信「沒有理由你非擁有它不可」或「沒有法律規定你必須擁有它」只是承認了這個事實。偏好也是合理的，即使你非常想要，但你未必總是能得到你想要的，這完全符合邏輯。偏好也能幫助你，因為它能促進良好的心理健康。

洞察力

當你認為某事不好，但不糟糕，你可以證明這是真實的。如果你不喜歡某樣東西，那它就是不好。但是，因為你總能想到更糟糕的事情可能發生（或已經發生），那麼你就能證明它並不糟糕。說某事不好或你不喜歡它，是合理的。說不好的事情沒有到糟糕的程度，也一樣是合理的。相信有些事情不太好但不糟糕，這會幫助你保持一種洞察力。

我做得到

相信某事很難處理，但你知道你能處理它是真實的。你的情緒、你的反應方式，就算是徹底崩潰，都表示你雖然覺得處境艱難，但你依然活著講述這個故事，這就是事實，證明你可以應對它。承認你覺得一些事情很困難，或具有挑戰性，這是合理的，而你知道你能處理這個困難、有挑戰性的事情，也是同樣合理的。相信這一點對你也有幫助，它賦予你力量，幫助你面對逆境。

無條件接受

你可以證明你不是失敗者，因為你過往的成功就是證據；你可以證明你並不愚蠢，因為你擅長的事情就是證據。而且，你也可以為其他人證明這一點。這世界不是一個徹底糟糕的地方，因為它有正面的東西，你的工作也不完全是垃圾，因為工作中，總有你喜歡的部分。

你可以證明你的易錯性，因為你會犯錯。每個人都是如此，因此人人都是有易錯性。你甚至可以證明你的工作是會出錯的，沒有什麼是完美，不是嗎？我們都是平等的，我們都是有價值的，因此「我不是一個失敗者，我是一個有價值的、會犯錯的人」，這個信念是正確的。

現在，雖然評價自己和他人的某些個人部分是合理的，比如我擅長這個、不擅長那個，但接受自己和他人是有價值的、會犯錯的人，也是合理的，兩者在邏輯上沒有不通之處。如果你的自信不是建立在物質上，而是建立在你作為一個人的內在價值上，無論好壞對錯、缺點之類的，那麼你會感到更有自信。

你的健康信念是真實的、合理的、對你有幫助的，它們讓你保持冷靜與理性。

所以，簡要地說，反駁就是這樣（還有重複，但有正當的理由）。這是一個非常理性客觀的練習，旨在幫助你理智地思考問題，而不是情緒化地做出反應。

當人們在做這種反駁練習時，尤其是跟我在治療室進行的時候，他們經常說我只是指出那血淋淋的明顯之處而已*。他們這種說法我很贊同，我確實是在指出明顯之處。不過正如我之前提到的，當你的不健康信念出現時，理性就會離開你，而且，當它離開你的時候，你自己絕對看不出這些明顯之處。你會迷失方向，整個人被情緒籠罩，根本看不到眼前的東西。因此反駁是一種非常明確的技巧，能幫助你保持理性和客觀，即使你的情緒試圖告訴你別的東西**。

西奧社交焦慮的反駁爭論

首先，我們要把反駁套用到西奧，關於被他人評判的不健康信念上，再套用到健康的信念上。然後，你要把它們套用到你在前一節中找出的信念上。

西奧在對自己指出明顯之處時，過程看起來就像這樣：

我絕對不能被別人評判

1. 這種想法是不真實的，因為過去我曾被別人評判過，將來也可能還會被別人評判。
2. 只因為我不喜歡被評判，從邏輯上說，不表示我絕對不能被評判。一個是合理的（我不喜歡），另一個是不合理的（我絕對不能被評判），所以邏輯上並不能互相銜接。

3. 這種信念對我沒有幫助，它讓我焦慮，焦慮到不能去參加派對和社交活動。這代表我反而更可能讓人產生負面評價，我的朋友們會因為我不去而批評我，其他人見到我時，也會覺得我緊張又彆扭。

別人評判我是非常糟糕的

1. 這不是真實的。這並不是一〇〇%的壞事，因為我還能想到比被評判更糟糕的事情。
2. 只是因為我不喜歡，就說評判很糟糕，是不合理的。這是兩件不同的事，一個是合理的（我不喜歡被人評判），另一個則是不合理的（因此被評判非常糟糕）。從邏輯上講，兩者並不能互相銜接。
3. 這樣說對我沒有幫助。相反地，它把一切過度放大，讓事情變得比實際情況更糟。我不只是反應，我反應過度，這並不好。

* 一種諷刺性的英語委婉用語，意思是某事明顯到根本不用說。直到幾十年前，「血淋淋」還被認為是一個非常粗俗的詞。

** 感覺不是事實，不總是如此，尤其當你持有不健康的信念時。你感覺某件事很糟糕，並不表示它是糟糕的。當你擁有健康的信念時，可以把你的感覺稱為「直覺」，並更加信任它們。

我不能忍受別人評判我

1. 這個信念是不正確的。我曾經被評判過，但我活了下來，它沒有要了我的命。我就是證明這個說法不正確的證據。
2. 我不喜歡被評判，畢竟誰會喜歡呢？也許比起其他人，我覺得它比更難忍受，但是並不表示我無法忍受。「我覺得很難」是一回事，「我受不了」是另一回事，完全不同。從邏輯上講，兩者並不相互銜接。
3. 這個信念對我沒有幫助，但是，因為我相信它，所以會盡量避免社交活動。逃避已經成為我的應對方式。

如果別人評判我，我就是個失敗者和白痴

1. 這種信念是不真實的。我有一些技能資格，有一份工作，有愛好和興趣，我有家人和朋友，他們喜歡我真實的樣子，所以這樣說是不真實的。
2. 相信這個並不合理。的確，社交不是我的強項。我不是很擅長，因此可能會因此受到負面評價，但他們評判的是我的行為。也許我的行為很愚蠢，但不能因此推論出我就是白痴。它們是兩件不同的事，在邏輯上不能相互銜接。
3. 這種信念對我沒有幫助。事實上，它會削弱我的自信，而且如果我真的參加社交活

動，它會增加我被負面評價的可能性，而讓我更加不喜歡自己。

我希望別人不要評判我，但他們沒有理由不能這樣做

1. 我不希望被人評判，這是真實的。其實，可能每個人都是這樣的，但對我來說，它已經真實到我把它變成了一個問題。但是，別人可以評判我，以前評判過我，將來可能還會評判我，因此，他們沒有理由不能這樣做，同樣也是真實的。
2. 說我不喜歡被評判是合理的。接受即使我不希望別人評判，但人們是能夠並且確實會評判人的，也是同樣合理。從邏輯上來看，兩者並無不通之處。
3. 這種信念會幫助我接受被評判的可能性，然後就能幫助我對此保持冷靜。它可以讓我走進一個社交場合而不驚慌。

如果別人評判我，那樣不好，但也不到很糟糕

1. 這個信念是正確的。我不喜歡別人評判我（所以這是不好的），但我並沒有生病、無家可歸、一無所有，或是沒有朋友，我能想到更壞的事（因此這並不糟糕）。
2. 說我不喜歡它是合理的，接受它並不糟糕也是合理的，兩者在邏輯上並無不通之處。
3. 這個信念會幫助我，它會給我一種洞察力。我會看到真實的「評判」，而不是把它

誇大成其他的東西。

如果別人評判我，我會覺得很難受，但我知道我能忍受

1. 這種說法是完全真實的。我確實覺得這很難受（我的焦慮就是證據），但我知道我能忍受，因為我不會死。
2. 說我覺得很難受是合理的，說我能忍受負面評判的難受也是合理的。從邏輯上看是通順的。
3. 這個信念會幫助我，它能幫助我處理負面評判（如果真的有人評判我的話）。更重要的是，它能幫助我參與社交活動。

就算他人評判我，我仍是一個有價值、會犯錯的人

1. 這個信念是完全真實的：我有過成功和成就，我有擅長的事情，所以我絕不是一個失敗者。我也有不擅長的事情，做得很爛的事情，並且犯錯過、失敗過，所以我是會犯錯的。我也有價值，我們所有人都有價值。
2. 承認自己的失敗是合理的。在面對自己的缺點時，接受自己是一個有價值、會犯錯的人，同樣是合理的。兩者在邏輯上可以互相銜接。

3. 這個信念會幫助我，它會給我自信。我會對真實的自己感到自在，我也能夠與他人互動，就算社交不是我的強項

所以，就是這樣了。西奧的不健康信念是不真實的、不合理，也不能幫助他實現他的目標。而他健康的信念是真實的，確實合理，並將幫助他實現他的目標。

對你的信念進行反駁

現在，輪到你了。我希望你把這一節學到的東西（以及本書第一章和第二章中所有關於反駁的內容）套用到你的具體信念中。如果你想要，可以或多或少複製上面讀到的內容，但是我更希望你用自己從前兩章，以及上面學到的，把這所有的知識作為跳板，用你自己的方式、自己的話和風格，來反駁你的信念。

另外，如果你不喜歡用寫的，你也可以用錄音方式，記下自己反駁信念的過程＊。

我的教條式信念是：

1. 這是不真實的，原因如下：
2. 這是不合理的，原因如下：
3. 這對我沒有幫助，原因如下：

我的戲劇化信念是：

1. 這是不真實的，原因如下：
2. 這是不合理的，原因如下：

3. 這對我沒有幫助，原因如下：

我的做不到信念是：

1. 這是不真實的，原因如下：

2. 這是不合理的，原因如下：

3. 這對我沒有幫助，原因如下：

＊很多人會用智慧手機上的語音備忘功能，記錄他們「要做的事情」，並在下次和我諮商的時候帶來。

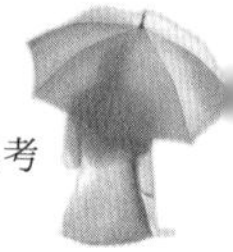

我的貶損羞辱信念是：

1. 這是不真實的，原因如下：
2. 這是不合理的，原因如下：
3. 這對我沒有幫助，原因如下：

我的靈活偏好信念是：

1. 這是真實的，原因如下：
2. 這是合理的，原因如下：
3. 這對我有幫助，原因如下：

我的洞察力信念是：

1. 這是真實的，原因如下：
2. 這是合理的，原因如下：
3. 這對我有幫助，原因如下：

我的做得到信念是：

1. 這是真實的，原因如下：
2. 這是合理的，原因如下：
3. 這對我有幫助，原因如下：

我的無條件接受信念是：

1. 這是真實的，原因如下：
2. 這是合理的，原因如下……
3. 這對我有幫助，原因如下：

第三週要做的事情

- 在本週內多次閱讀你的反駁論點，反思它們，並試著將它們套用到你的具體問題中（如果暫時看不到效果也不用擔心，這不是現在的重點，本週目的是養成理性和客觀思考的習慣）。
- 嘗試將你在這裡學到的知識，應用到日常生活遇到的其他情況和場景中。也就是說，如果你發現自己說了或想了一個要求，覺得某件事很糟糕，感覺你無法忍受，或是稱自己或別人是白痴，請後退一步，質疑你的信念。

在你進入第四週的內容之前，回答以下問題：

想一想

- 這一節在說什麼？你如何應用？
- 你能將「反駁你的信念」與生活的其他方面連結起來嗎？你有試過這樣做嗎？如果有，效果如何？
- 在閱讀本節的過程中，你是否有過一些理解或「頓悟」的瞬間？在過去的一週中，你有沒有反駁自己的信念，並思考這些信念可能涉及到的其他領域？

12 第四週 自我說服，改變不健康信念

「如果你想說服我，你必須思考我的想法，感受我的感覺，說我的話。」

——西塞羅（Cicero），羅馬哲學家

所以，到目前為止，如果你按照本書的步驟去做，你應該已找出了一個問題，依據你對這個問題的情緒和行為反應，你應該也制定出了你的不健康信念，以及它的健康替代品，為所有相關的人帶來更理性和有益的結果。

我們說過，不健康的信念必定包含著一種要求，以及以下衍生信念中的一種（或多種）——糟糕化的信念，低挫折容忍度的信念，譴責自我、他人或世界的信念。而健康的信念，就是與前述每一個信念相對應的理性信念。

希望你們也已經對這些觀點進行過反駁練習了。但是，我敢說你還是很煩擾，對吧？

你仍然像以前一樣思考、感受和行動。

當然，你可能已經注意到，你處理某些事情的方式發生了變化，一些其他的事情。但是，它們是比較小的事，不那麼讓你煩擾的事。當遇到大的事情，那些真的會讓你心煩意亂、想要控制自己的事情時，你的反應還是一樣。我知道這很掃興，但在這個階段，你的進度這樣是完全沒有問題的。

許多年前，有一個客戶來找我，他有地鐵恐懼症。當我們在反駁他的信念時，他有了恍然大悟的感覺，特別是他的「戲劇化」和「我做不到」部分。他的表情明顯流露出他頓悟了什麼，所以我問他在想什麼。他說：「我已經深刻理解了自己的整個人生。我意識到自己一直壓力很大，因為任何事情，哪怕只有一點點差錯，我都會把它災難化。我總是說『我受不了這個，我受不了那個』。我在大學時壓力就很大，工作時也一直很緊繃，我到底何必呢？我再也不會這樣做了。」

然後他真的做了，他履行了自己的承諾。事實上，在接下來的一週，無論是在個人生活還是工作上，他都非常冷靜放鬆，以至於他的朋友、家人和同事不停地開玩笑說：「你是誰，你對賽門做了什麼？」

他這一週過得如此放鬆，所以他決定給我一個驚喜。那天在下雨，他決定坐地鐵來我這裡，儘管這還沒有被設定為作業。不過有一點他是對的，看到他時我真的很驚訝，但那是因為我打開房門時，看到的他是渾身溼透、喘不過氣、語無倫次，而且不明白自己為什麼會恐慌發作。

雖然他工作的地方距離我這裡並不遠，最多只有五站，但所有可能出錯的地方都出錯了。所有可能觸發他不健康信念的事情，全都發生了。

起初是下了一場傾盆大雨。一些地鐵站淹水並關閉。惡劣的天氣造成了幾條路線的信號故障，因此每個車站都塞滿了人，地鐵開得很慢，裡頭擠滿了又溼又熱又生氣的乘客。

這時賽門坐在他的座位上，努力不讓恐慌發作，一遍又一遍地複誦他的信念，有不健康的也有健康的，他在腦中盡可能大聲地反駁，甚至到了低聲嘀咕的程度。然而，他感覺到自己的恐慌在加劇，到了終於把他壓垮的那一刻，他嚇壞了，硬擠著要下火車，大喊著「放我出去，放我出去，放我出去！」

然後他現在更加煩擾了，因為他嘗試使用理性情緒行為療法卻悲慘失敗。當時他腦子裡唯一的結論是，如果不是治療沒作用，就是他做得不好。

就像我之前提到的，理性情緒行為療法是非常好的日常生活指南，這就是為什麼賽門能成功地把它應用到他的日常生活中。有時候，光是使用語言，就足以糾正一些習慣性的不健康反應。然而，與一般的生活態度相比，將它作為一種針對特定煩擾行為的心理治療方式，則需要付出更多努力。反駁你日常的想法是一回事，反駁那些根深柢固、引起煩擾的信念，又是另一回事。

賽門把反駁用到日常生活中，效果相當好，但在遇到會讓他真正失去理智的事情上，反駁起不了任何作用。

正如古老格言所說「在你學會走之前，不要試著跑。」此外，如果你確實有地鐵恐懼症，在你和治療師討論並同意把它當作家庭作業之前，請不要乘坐地鐵。

因為從理性、邏輯和客觀上來說，你知道你那些不健康的信念不是真實的，不合理，對你沒有幫助，然而，你是透過練習才能達到這種思想狀態的。它們仍然是你的預設系統，它們會自動來到你身邊，仍然是你當下最自然的思考方式。

另一方面，你的健康信念，當然，你知道它們是真實的，它們是合理的，而且它們能幫助你，但是它們感覺起來不太對，你不相信它們，你也還沒有被它們說服。它們不是你自然的思考方式。現在還不是。

到目前為止，我們在本書中培養的，是對問題及其背後信念的智識理解。但是，為了改變你思考、感受和行動的方式，我們還必須發展所謂的情緒理解。

簡單地說，智識上的理解是知道該做什麼，而情緒上的理解是相信你能做到。我們總是必須先進行智識的理解，因為它是其他一切事物的基礎。沒有它，你的不健康負面情緒就會占據主導地位。一旦我們有了理性的基礎後，才可以開始削弱讓你傾向不健康信念的情緒信念。

不光看你說了什麼，還要看你怎麼說

這就是「說服性論點」派上用場的時候了。有了它，你就會發展出真正有意義、有感染力、複雜的論證方式，削弱這些不健康的信念。這些論點能幫助你放下它們，不再使用它們。與此同時，你將建立同樣有意義、有感染力、複雜的論點，來幫助你鞏固健康的信念。這個方法可以幫助你比現在更相信健康的信念，並且更傾向於把它們付諸實行，就算它們還不是你自然的思考方式。

這需要以一種有組織且持續的方式進行。我們依然要一個一個審視你的不健康信念，也依然要一個一個檢查你的健康信念，我們仍然用問題攻擊它們，但這一次，問題會更加私人。

在你開始這個練習之前，我會給你一些說服性論點的例子，但是不要只是複製貼上我寫的東西，或用它們作為你論點的跳板。為了真正「有說服力」，這些論點需要來自你自己。它們必須是來自你個人的主要原因有兩個。因此，你需要深入挖掘。

第一個原因是，因為從本質來上說，所有的說服都是自我說服*。

其實廣告並不能說服多少人相信這個產品。廣告商花費數百萬在廣告上，是為了提高品牌知名度，讓你購買他們的產品並賺錢。但是廣告並不能說服你買任何東西，你才能說服自己。你看了廣告，然後決定是否要買。你可能會說：「嗯，好，我想試試。」同樣地，你也可以看完這則廣告，全盤接受，甚至很欣賞，但最後還是會說：「不用，謝謝。」就這樣了。

假設你和我在一個派對上認識，我們開始交談。對話轉向了大議題，像是政治、宗教等。你有一個觀點，而我的觀點和你完全相反。我們已經喝了幾杯酒，所以談話很熱絡，不是令人討厭的方式，而是一種充滿熱情的方式，畢竟酒精可能放鬆了我們的舌頭。

對話結束時，我已經用我的觀點說服了你。只是，讓你信服的不是我，我沒有說服你，這些都是你自己做的，你才是那個在你的頭腦中權衡一切，並決定改變想法的人。不管我有多熱情，或我為自己的觀點辯護得多好，你實際上是聽從了自己內心的獨白，然後決定站到我這一邊。如果你說服自己不要改變觀點，我是絕對無能為力的。

說到酒，不久前，我一個朋友過生日時，收到一瓶海鹽焦糖伏特加作為生日禮物。畢

* 至少，某些社會學家是這樣說的。

竟，她喜歡幾乎所有包含「鹽味」和「焦糖」字樣的東西。她也喜歡伏特加。她還喜歡喝咖啡馬丁尼，就是一杯濃縮咖啡，加上一杯咖啡利口酒，還有，沒錯，一杯伏特加。

「不知道有沒有海鹽焦糖伏特加咖啡馬提尼？」她開玩笑地問，然後迅速用搜索了一下。確實有這種雞尾酒的配方，事實上有很多這樣的酒譜。不過，為了做出濃厚香醇、讓人滿意的咖啡馬丁尼，幾乎所有酒譜都建議使用從咖啡機中取出的濃縮咖啡，而不是加過水、不那麼濃純和讓人滿意的市售咖啡。這讓她陷入了沉思。

她想：「我的確喜歡咖啡，而且從咖啡廳買咖啡很貴，又不太環保，因為它們總是用外帶杯。如果我在家裡做的話，我的杯子就能派上用場。晚上和朋友一起喝海鹽焦糖咖啡馬丁尼也不錯。而且，就像我剛說的，我很常喝咖啡。所以，有一台咖啡機應該很不錯。如果仔細想想，咖啡機根本是必需品。」

因此，她買了一台約兩千台幣的特級義式咖啡機，這一切都是因為有人送了她一瓶海鹽焦糖伏特加。這就是自我說服的力量，這是社會影響理論的一部分，它認為在說服自己改變行為當中，你扮演著最重要的角色。

如果我試圖說服你，它是直接的，改變的動力是外在的，從我到你。而如果你說服自己，那是間接的、內在的。當然，是我鼓勵你去改變，所以我是一個影響因子，但是動力來自於內在。比起被他人說服，自我說服更深層、更持久。

這些論點必須來自於你的另一個原因是，為了有說服力，它們必須是很私人的。這表示它們只能來自於你，它們必須包含來自你個人經歷中的例子和軼事。

想像一下，我正在帶領一個社交焦慮小組，有十個人參加，其中包括了西奧。社交焦慮通常（但並不完全都是）來自對負面評判的恐懼，這就是西奧焦慮的基礎。讓我們假設這十個人對負面評判都有完全相同的信念，像是「我絕對不能被人評判，被人評判會很糟糕。如果我被評判，我無法忍受。如果我被評判，那是因為我沒用、無能、是個垃圾。」

現在，當我們反駁這些信念時，這十個人都會給我同樣的答案。無論他們的年齡、性別和文化背景如何，對於不健康的信念，他們的回答都是「不，不，不」，對於健康的信念，他們的回答都是「是，是，是」。然而，當我們說到制定有說服力的論點時，每個人都會給出不同的答案，討論不同的例子。

這是因為這十個人中的每一個人，雖然都有同樣不健康的、引發焦慮的信念，卻過著非常不同的生活，並且在不同的時間、不同的場合受到這些信念的影響，然後產生了不同的結果。簡而言之，他們的個人經歷都不一樣。所以你要深入挖掘，觸及比較私人的部分。

在制定有說服力的論點時，要問的好問題是：

- 當我持有這種信念時，我得到了什麼？

- 當我持有這種信念時，我是如何思考、感受和行動的？
- 這個信念讓我做了什麼？
- 這個信念阻止了我做什麼？
- 這個信念還影響了誰？
- 有了這個信念，我得到了什麼結果？我喜歡這些結果嗎？

在我們看什麼是有說服力的論點之前，讓先我解釋一下什麼不是。

制定有說服力的信念

這不是一個有說服力的論點：

「我對阻礙到我的人生氣。」

這是真實的，因為我對阻礙到我的人很生氣，這當然說到了重點。但是，這句話並沒有告訴我，這些信念如何影響我的生活。要有說服力，就需要從我的個人經驗中提取，所以我需要從過去的例子中挖掘。當你制定你的論點時，你也要這樣。把你不健康和健康的信念當成濾網，篩選出與它們相關的事件。

記住這一點，以下就是一些有說服力的論點，能告訴我更多細節。

別人絕對不能阻礙到我

1. 懷著這樣的信念，我還沒出門就開始生氣了。我會提前預想擁擠人群，如果朋友邀請我出去，我的第一個想法是「噢，不」。
2. 有了這個信念，任何人休想真的阻礙到我的路，我真的會很粗魯。而且那已經是最禮貌的表現了。
3. 因為這個信念，我不想去任何地方，我限制了自己。我不喜歡去音樂會或節慶，甚至不喜歡去酒吧和俱樂部。不是因為我不喜歡那些事情，而是因為我知道會有很多人擋住我的路。我上週拒絕晚上出去就是因為這個。
4. 有了這個信念，我會在幾分鐘之內就從平靜到憤怒，在任何擁擠的地方，憤怒的我會低聲嘀咕、咒罵、咆哮、叫別人走開，甚至把他們推開。就像我週六在牛津街地鐵站做的那樣。

我希望別人不要阻礙到我，但他們也沒有理由不能這樣做

1. 有了這個信念，我在任何擁擠環境中都會更加平靜，這對我、對他們、對我身邊的人都更好。我會比較放鬆，和我在一起的人也會更放鬆。
2. 有了這個信念，我的社交生活就會改善，我就可以去擁擠的酒吧、夜店和音樂會這樣的地方。我可以繼續待著享受夜晚，而不是憤然離去（像上次有人勸我去夜店時那樣）。
3. 帶著這種信念在人群高峰時間出遊，會是一種截然不同的體驗。我不需要一直處在緊繃狀態，甚至都不需去想它，只要必要的時候泰然自若地面對它。
4. 在擁擠的情況下，我會更加信任自己，因為我知道我不會突然對任何人動手。

你應該能看出這些論點是複雜的、有情緒感染力的，而且包含了一些我的個人經歷。就像反駁一樣，你要為每一個健康和不健康的信念建立有說服力的論點。你要反對不健康的信念以及它們帶給你的影響，並且支持健康信念以及它們帶給你的影響。為每一個信念建立的論據越多越好，你的論據越多就越能說服自己。在這個練習結束，並確實把它付諸實行之後，你會注意到，在某種程度上，你的思想、感覺和行動方式已經有了改變。

從本質上來說，你是在腦海中創造了兩種畫面。一個是按照你目前持有的不健康信念生活（這樣的生活將會很不愉快，並且充滿到處受限的感覺、行為和結果）。而另一個是當你按照健康信念生活的模樣（這個畫面看起來會比較愉快，充滿順遂舒暢的感覺、行為和結果）。更重要的是，你會發現這個景象既不是烏托邦，也不是無法實現的。

換西奧提出他的說服性論點：

當我告訴自己「我絕對不能被評判」時，我得到了什麼？

1. 帶著這個信念，我幾乎退出了所有派對和社交活動。我不斷找藉口、說謊，就像我對貝絲派對做的那樣。我想去，但最後還是沒去。我辜負了她。
2. 因為這個信念，我的大學生活非常孤獨悲慘。我的友誼都很短暫，很快就消失了。我羨慕我朋友，他和我同時上大學，並在大學期間建立了幾段長久的友誼。
3. 它影響了我現在的工作，影響我做過的所有工作。同事們會有社交聚會，而我不會和他們一起去，我覺得這讓我和同事之間產生了隔閡。上週五就發生過這樣的事，幾乎每個人下班後都出去喝酒，但我沒有加入。
4. 這種信念影響了我和貝絲的友誼。她現在還在生我的氣。

當我告訴自己「別人評判我的話，就太糟糕了」時，我得到了什麼？

1. 懷著這種信念，我把一切都誇大了。我覺得房間裡的每個人都已經對我有意見了，這有點太誇張了。
2. 不只如此，我還認為每個人對我抱持的意見是負面的，不可能是正面意見，甚至根本沒意見。
3. 這種信念會讓我的幽默感消失。我可以是相當有趣的人，但是當我相信這個信念，待在一個團體裡的時候，我就會變得很安靜、乏味和單調。

當我告訴自己「我不能忍受別人評判我」時，我得到了什麼？

1. 就是這個，這就是我逃跑的原因，這就是我不去的原因，這就是為什麼我說不。因為我相信我無法忍受，所以我避免社交和人際互動。
2. 基於這個信念，我真的參加社交活動時（這種情況很少發生），我會監督自己，反覆質疑自己，所以我不會說或做任何會被評判的事情。但這讓我顯得不真實，而且這樣反而讓我更有可能被評判。事實上，有人跟我說，他們覺得很難了解我或不知道我是誰。
3. 因為這個信念，如果人們真的對我有負面評判，或是我聽說他們這樣評價我，我就會崩潰。我以前恐慌症發作過。在大學時，如果我看到某個人，我知道他不喜歡我的話，我就會走另一條路或躲起來。

如果別人評判我，我就是個失敗者和白痴

1. 這種想法讓我痛斥自己，因為自己察覺到的不足和社交上的無能，而不斷的苛責自己，這樣一來，讓我在社交場合又更加彆扭。
2. 有幾次，我真的接受那些人對我的貶低。我這輩子都是這樣，從中學、大學到工作。
3. 帶著這個信念，我會先評判自己。在我給別人評價我（無論正面或負面）的機會之前，我已經對自己做出了評判。它削弱了我的信心，使我沒有安全感。我和女朋友在一起時覺得很不安心，總是想知道她到底看上我什麼。

我希望不被別人評判，但我沒有理由不能夠被評判

1. 這種信念會減輕我的壓力。我接受現實——人們總是在評判別人，這種事情隨時都在發生。事實上，這很正常。當我把它看成正常狀況時，就不用躲避它了。
2. 有了這個信念，我的人生將會完全不同，所有一切，從童年、中學、大學、工作，你想得到的都有。如果我相信它，我會變得更平靜、更快樂，而從現在開始，我也

會變得更平靜、更快樂。

3. 有了這個信念，我就會對我想參加的事情說「好」，對我不想參加的事情說「不」。更重要的是，我不會因為害怕而拒絕，我會因為我真的不想去，或是有其他計畫才拒絕。有了這個信念，我一定會去參加貝絲的派對。

別人評判我是不好的，但並不糟糕

1. 這讓事情變得更客觀。有了這個信念，我意識到不是每個人都想找我麻煩，有些人會喜歡我，有些人不會，有些人根本沒什麼感覺。現在想想也沒那麼糟，對吧？

2. 有了這個信念，我就不會花太多時間去煩惱或猜測別人的想法，我的想法就能夠自由，自在地保持冷靜，自在地專注於其他事情，自在地放鬆享受。

3. 帶著這個信念，我就能夠參加社交活動，因為我不用擔心要給人留下好印象。我不會都不說話、怕得要死，我將會很放鬆，這樣能讓人們認識真正的我，他們會知道我這個人真的還不錯。

我覺得別人評判我很難受，但我知道我能忍受

1. 這個信念給了我力量和信心。我可以抬頭挺胸地走進一個房間、一間酒吧或夜店，

任何地方都沒問題。我將能跟人們有眼神接觸。我一直希望能夠做到這件事。

2. 這種信念讓我做回自己，一個覺得社交很困難的人，所以我知道我不會是這個房間裡最有自信的人，但比較重要的是，我可以待在這個房間裡。

3. 我的友誼會得到改善。人們不會因為我而感到失望，因為我不會讓他們失望。朋友們會為我感到高興，因為他們也不喜歡我變成另一個樣子。我的家人也一樣。事實上，我的社交生活將得到改善，因為人們知道他們可以邀請我去參加活動，並且相信我一定會去。

即使別人評判我，我仍是一個有價值、會犯錯的人

1. 有了這個信念，我會相信自己。其他人可以自由做出評判，但他們的觀點將是根據真實的我，而不是焦慮、困惑、懷疑的我。

2. 有了這個信念，我再也不會獨自坐在家裡，覺得自己是個失敗者。現在開始我的週末會很不一樣，如果我真的獨自坐在家裡，那也是因為我想這樣做。

3. 有了這個信念，我會感到自由自在。從自我懷疑中解脫出來，做真正的自己。我甚至可以帶著興奮，而不是滿懷恐懼地看待社交活動。未來充滿了可能性。下個月就有個生日派對，我可以參加。有了這個信念，我知道我能做到。

現在，輪到你制定有說服力的論點了，看看你的不健康信念帶給你什麼，健康信念又能帶給你什麼。要讓這些論據盡量複雜、有情緒感染力和個人化。試著從你的生活中、你的過往，以及與你正在處理的問題相關的真實事例。問自己以下這些問題，可以幫助你制定出好的論點：

- 當我持有這種信念時，我得到了什麼？
- 當我持有這種信念時，我是如何思考、感覺和行動的？
- 這個信念讓我做了什麼？
- 它阻止我做什麼？
- 它對我有什麼影響？
- 它如何影響其他人？
- 有了這個信念，我得到了什麼結果？我喜歡這些結果嗎？

盡量多為你的信念找一些論據，因為你找出的論點越多，就越有可能說服自己。然而，我們不希望你因此沒完沒了地講下去，這個練習的目的不是為了要想出很多論點，而是針對你在處理的問題，改變你思考、感覺和行動的方式。

用電子閱讀器和平板電腦的人，以及那些不喜歡在書上寫字的人，該拿起你的筆記本和筆了。

我的教條式要求信念是：

它帶給我的是：

我的戲劇化信念是：

它帶給我的是：

我的做不到信念是：

它帶給我的是：

我的貶低羞辱信念是：

它帶給我的是：

我的靈活偏好信念是：

它帶給我的是：

我的洞察力信念是：

它帶給我的是：

我的做得到信念是：

它帶給我的是：

我的無條件接受信念是：

它帶給我的是：

第四週要做的事情

- 在接下來的一週裡，把你的說服性論點多讀幾遍，反思它們，並試著將它們應用到具體的問題中。把使用這些論點而造成的所有效果記錄下來。
- 記下你在這部分的成功和疑慮（也就是說，注意你有了哪些進步，但也要找出前進過程中的障礙）。如果事情沒有像你想像的那樣發展，也不要自責。這裡沒有失敗，只有學習的機會。

在你閱讀第五週的內容之前，請回答以下問題：

想一想

- 本節在說什麼？你如何應用這些知識？
- 你能將「說服性論點」連結到生活中的其他部分嗎？你試著這樣做過嗎？如果試過，效果如何？
- 你是否注意到情緒的轉變，如果有，到什麼程度？你有注意到你的情緒和行為有什麼變化嗎？

13

第五週 重複練習，習慣成自然

「我們就是自己不斷重複的行為。因此，卓越不是一種行動，而是一種習慣。」

——威爾・杜蘭特（Will Durant），美國作家、歷史學家和哲學家

現在，你的理性情緒行為療法工具箱中，有兩種工具可以幫助你質疑不健康的信念、強化健康的信念，就是反駁和有說服性論點。到目前為止，這對你有多少幫助，我不敢說，主要是因為每個人都不一樣。

你們當中的一些人可能已經試著面對挑戰，而另一些人沒有；一些人可能對正在處理的問題，已經有了很不同的感覺，而一些人可能感覺只有一點點不同。這是有原因的。這完全取決於你目前有多相信你的健康信念，你對它們有多少信心。

所以，這裡有一個重要的問題：如果現在請你用百分比來評估你對健康信念的信心，

這個百分比是多少？我不是說你有多理解它們（智識方面的，在你的腦中），我的意思是，現在情緒上、內心裡，你有多相信它們？如果此時此地就要你面對煩擾你的事情，那麼以百分比來說，你有多相信你的健康信念？不管這個百分比是多少，請寫下來。

你對健康信念的信心有多少？

你寫多少呢？是一〇％還是二〇％？還是更高？大約在五〇％，還是再更高，大概七〇％？更重要的是，這個數字告訴我們什麼？它讓我們知道自己在哪裡，以及我們需要在哪裡。

如果你只有一〇％或二〇％，那麼在你充分相信自己的健康信念並付諸行動之前，我們還有很長的路要走。如果你的信心在五〇％，那麼你就像坐在柵欄上，只有一條腿懸在花園上，一條腿還在外面，在你可以堅定地把雙腳都踏在理性花園上之前，我們還有一些工作要做。

如果你的信心更高，比如六〇％或七〇％，那麼我們就快到了，而你已經非常接近、幾乎已經準備好面對你的困擾，以一種全新的方式處理你的引發事件。你可能已經開始面對它了，那樣的話，你做得很棒。

這個數字代表的是你對健康、理性信念依然抱持的懷疑和反對。所以，如果你的信心是二〇%，那麼八〇%的你仍然在說「對，可是……」和「但是，如果……」而我們需要處理這些反對的聲音。然而，如果你的信念是五〇%，那麼只有五〇%的你在說「對，可是……」，我們還是需要處理那些反對聲音*。

然而，如果你的信心已經接近七〇%，那麼你已經非常接近目標了，你可能只剩下一、兩個疑問需要解決。

無論你在哪個範圍內，我們都會處理你的反對聲音，不管有多少。我們將用「理性與非理性對話」來解決這些問題。

但是，在我們繼續討論這是什麼，以及它牽涉到什麼之前，我們需要處理一個非常突出的問題：你不可能達到一〇〇%。如果你評估自己為一〇〇%，那就是在自我欺騙。但是，你為什麼要這麼做？你怎麼欺騙自己的？

你自己看，這太不現實了。百分之百，這根本是美好的幻想，而且它不會真的允許你做自己。在進行接下來我說的練習時，你的目標是把對健康信念的信心保持在七五%以上，但不要到一〇〇%。任何低於七五%的，你仍然有疑問和異議需要整理與解決。但是，如果你設定在一〇〇%，它就不會容許任何懷疑存在，沒有空間來表達健康的負面情緒。在一〇〇%的情況下，你可能是不在乎，或是變得毫無顧忌。從治療的角度來說，這兩者都不太妙。

理性與非理性對話

你會自言自語嗎？你是否跟自己對話過，或是在你與他人進行對話之前，先練習陳述論點或困難的對話，作為一種「演練」，就是為了確保自己已經掌握所有的基礎論述了？在做出決定之前，你會以某種方式與自己討論該事的利弊嗎？我敢說你會。

我們都以不一樣的方式，進行不同程度的自言自語，這是我們每個人都擁有的一種天生能力。現在我們將以一種特定的、有目標性的方式，用自言自語來達成一個明確的目的。

我們有些人會在自己的頭腦中，平和安靜地與自己對話。而有些人則是會說出口，有時候很大聲，有時甚至會非常大聲。我個人非常不幸地屬於後者，我已經不記得有多少

＊還記得英國電視劇《大英國小人物》（*Little Britain*）的人，想想維琪．波拉德（Vicky Pollard）說的：「對可是，不可是，對可是，不可是……」一直到永遠。

次，我以為自己是在腦袋裡對話，卻發現有好幾個人一臉關心地盯著我看。

這是我多年來必須與之和平相處的事。我經常被人發現，通常是在遛狗的時候，不斷低聲跟自己說話，說出一些決定、人生選擇、棘手的對話等，還有在寫作過程中，我還會說出這本書的大部分內容。不過我不介意別人盯著我看，因為我或多或少已經掌握了無條件接受自我的藝術，無論我在自己檔案畫上「勾」或「叉」都無關緊要*。

重點是，我們都會自言自語。接下來的練習就是要利用這種能力，為你的健康信念建立更多信心。

我們看看西奧，在這個階段他對自己的健康信念只有三〇％的信心。這代表七〇％的他仍然不相信。雖然他對被別人評判的感覺有了一些小小的轉變，但並不足以讓他感到夠平靜，或足以控制自己，夠勇敢去做任何事情。如果在這個階段，我要他去參加一個派對，當作治療的作業，他很可能會失敗。

所以，首先，你要閱讀西奧的理性與非理性對話，接著，你要嘗試自己進行一次，你可以寫在本章的空白頁面，如果你不想破壞你的書，或是你用電子閱讀器，那就寫在紙張上或筆記本裡。

社交焦慮的理性與非理性自我對話

理性

我希望不要被別人評判，但我沒有理由絕對不能被評判。如果別人評判我，那是很不好的，但也不會很糟糕。如果別人評判我，我會覺得很難應付，但我知道我能忍受。就算別人評判我，我不是一個失敗者，也不是白痴，我是一個有價值的、會犯錯的人。

我對這個信念的信心是三〇%

非理性

理論上是這樣，但在現實中，這是完全不同的事情。理論上，這樣看事情是很合理的，但當你真的走進一個房間、一個派對、一個擠滿人的酒吧，那麼這些信念就是真實的，人們絕不能評判我，我必須給別人留下好印象，這真的很重要。

＊不過，在科技進步的現代，很多人在戶外都會用耳機講電話，所以不管我有沒有帶手機，我都會戴上耳機，然後混入人群中，希望人們以為我在和別人說話。

理性

這裡出現了兩項要求！你現在完全沒有在幫助自己。沒有法律規定人們不能評判你，你也不能保證你會給別人留下好印象。現在，你根本連出席都沒有，所以你沒有任何人留下任何印象。

沒錯，給人留下好印象很好，如果人們真的喜歡你也很好。但是，這些事情不一定會發生。更重要的是，如果你用健康的信念看待事物，你會去參加你受邀的聚會。

非理性

但是，期望早就已經存在。如果我開始參加社交活動，大家知道我以前是什麼樣的人，所以給他們留下好印象又更重要了，我必須做對。我不能讓人們在我走進房間之前，就根據以前的經歷來評判我。我都還沒去那裡就已經把事情搞砸了，每個人都會看我。

理性

不！人們會看你沒錯，這很重要，但並不是全部。你覺得自己必須把事情做對，這是不真實的，就算你盡力不要給別人壞印象，這種事情還是可能發生。但你提出這樣的要求時，你就是在給自己施加壓力，壓力會顯現出來，然後你就不太可能給別人留下好印象了。

然而，當你接受雖然你想給別人留下好印象，但你也不是非如此不可的事實時，壓力就減輕了，這會讓你表現出自然、真實的自己。

非理性

但是，這麼多年來，我一直都不是真實的自己，我是個失敗者，我沒什麼好說的。

理性

你知道嗎？這是鬼扯。當你獨自一人或和少數幾個朋友在一起時，你就是真實的自己。他們喜歡你，所以你不可能是個失敗者。我可以順便提醒你一下嗎？你在這一點上有點歇斯底里了？你已經在評判自己，卻又要求別人不可以評判你。

你會發現，當你走進一個派對或酒吧時，你會感到畏懼，但並不是每個人都想要來批評你。有些人會喜歡你，有些人不會，還有一些人根本沒什麼感覺。重要的是你喜歡並接受自己，這樣一來，你就可以自在地關注那些喜歡你的人。

非理性

但是，這就像在學校一樣，這是人氣競賽。我當時失敗了，現在也會失敗。我在學校不受歡迎，我被霸凌，那時候很糟糕，現在一定也會很糟糕的。

理性

嘿，這又不是學校。大多數情況下，酒吧裡面的人都想要玩得開心，派對上的人都是你已經認識的。沒有人會霸凌你，但即使他們真的欺負你，也不糟糕。學校生活並不完全糟糕，你度過了很多美好時光。若不參加社交活動，會讓你錯過很多事情，這比面對可能的評判或批評要糟糕得多。

如果你繼續保持你的健康信念，你會做什麼？在家裡度過餘生嗎？當你接受評判就是存在，有些總會是不好的，當你接受不是每個人都必須喜歡你，如果他們不喜歡你，那也不是世界末日。你可能不會擁有驚人的自信，但你會有足夠的自信去社交，這才是真正的目標，不是嗎？

非理性

但是，如果別人因為我很緊張，而認為我是個失敗者呢？如果別人這樣想，那我就是這樣的人。

理性

緊張是一回事，焦慮是另一回事。有點緊張是很正常的，大部分人走進房間時都是這樣的，但他們很快就放鬆了，你也可以。你並不知道別人是怎麼看你的，但是，你知道嗎？即使有人真的認為你是個失敗者，即使他們真的很不和善，當著你的面這樣說，這種評判也不會要你的命。

如果他們評判你，你的確會不開心，感到很不舒服，但誰不會呢？不過，你不會因為別人認為你是失敗者，就立即倒地死亡。你可以從別人對你的負面評價中活下來。更重要的是，你可以不同意他們的觀點，你可以叫他們滾開，或直接忽視他們。

此外，你和很多你不覺得有怎麼樣的人交談，也沒提這件事。你覺得，如果他們發現你並沒有在心裡評價他們，他們真的會在意嗎？這會有什麼不同嗎？如果一個不熟的人並不是真的很喜歡你，你有什麼好在意的呢？

非理性

我想我沒有其他的「對，可是」可以補充，我想不出更多的反對意見了。我仍然可以說「不應該」和「糟糕」等，但我覺得現在聽起來有點薄弱了。

理性

很好，那麼我們重新審視你的健康信念：「我希望人們不要評判我，但他們沒有理由不能這樣做。評判是不好的，但並不糟糕。我確實覺得被評判很難受，但我知道我能忍受。我不是魯蛇，也不是一個失敗者，即使別人評判我，我也是一個有價值的、會犯錯的人。」現在你有多相信這一切呢？

我現在對這個信念的信心是八〇%

思考一下

在你閱讀完前面的理性與非理性對話之後，希望你有注意到幾件事情。首先，整段對話都是用理性情緒行為療法的語言表達的。在每一個非理性的反對背後，都有一種不健康的信念。所以，反對意見會說某件事絕不能發生、是很可怕和難以忍受，或你在某些方面是個失敗者。這讓你能在對話的理性那一端使用健康的替代信念。

同時，西奧也使用了認知行為療法的工具。對話當中有反駁，他會挑戰這個反對意見的有效性和隨之而來的信念（這是真實的嗎？）會測試它的邏輯（它合理嗎？）也會指出它的作用（它對我有幫助嗎？）他還使用說服論點，來強調反對意見及其造成的確切效果*。

從本質上說，當你在進行理性與非理性對話時，就是在運用你所學到的一切，來增強你的信念，增加你對健康信念的信心。

在某些書中，這種理性與非理性的對話也被稱為鋸齒型對話，因為對話的理性面在某一邊，非理性面則在另一邊，箭頭就不斷從對話的一邊指向另一邊，鋸齒狀沿著頁面向下移動，直到你把論點都用完為止。像這樣：

理性

我希望別人不要阻礙到我的路，但是，他們沒有理由絕不能這樣做。當他們阻礙到我的去路時，是很不好，但並不糟糕。當他們阻礙到我時，我覺得很難受，但我知道我能忍受。就算他們阻礙到我，他們也不是小混混，他們是有價值的、會犯錯誤的人。

非理性

你開什麼玩笑？我的意思是，看好自己要走的路是有多難？你怎麼可能沒注意到自己即將撞上某人，或正站在一個非常繁忙的商店門口呢？他們都是令人無法忍受的小混混。

理性

這麼說有點苛刻了吧？難怪你會爆炸。這不是無法忍受的事，你不會因為有人撞到你而死亡或爆炸，你會活下來。而且，他們不是小混混，他們是有價值、會犯錯的人，正在盡最大努力應對擁擠環境，就像你一樣。

如果你讀過其他理性情緒行為療法，或鋸齒型對話的書，這種對話有時也被稱為「攻防練習」，也就是在對話的理性面，不用「理性」一詞，而是用「防禦」代替，而在沒有

＊他甚至還使用了一些咒罵的話語，來為他的反駁增添一些力道，這部分稍後會詳細介紹。

助益的非理性面，也不用「非理性」，而用「攻擊」代替*。

不管你想叫它什麼，在你自己做這個練習的時候，不要以為你處理完一個反對意見後，這個反對意見就消失了，因為這些念頭不先經過一番反覆徘徊。是不會消失的。

我相信你們都和小孩子有過這樣的對話，他們問你某件事，或反對某件事時，你給了他們一個非常全面又合理的回答。他們停頓了一會兒，消化完你剛才說的話，然後回答說：「但是為什麼？」

所以，你嘆口氣，給了他們另一個充分的回答。然後他們又問：「可是為什麼？」就這樣一遍又一遍，直到你放棄，吼了回去：「因為，我說這樣，就是這樣！」

你的反對意見就像小孩子一樣，就算你給出了一個全面、合理、理性的回應，但是反對意見還是保持不變，或只改變一點點，或以略微不同的方式再說同樣的話。它仍然會一直問：「但是為什麼？」然後你就得再講一遍，再給一個原因，直到問題解決，或直到你大喊：「因為我說這樣，就是這樣！」

如何建構理性與非理性對話？

1. 寫下「理性」這個詞，然後在下面寫下你完整的健康信念。
2. 在你的健康信念下面，用百分比表示你對健康信念的相信程度，然後畫一個向下的小箭頭。
3. 接下來，寫下「非理性」這個詞，然後寫下你對健康信念的第一個反對意見——你的第一個懷疑，你的第一個「對，可是」。然後，寫下你這個懷疑背後的信念。再畫一個向下的小箭頭。
4. 再一次寫下「理性」這個詞，顯示你回到了對話中理性的一面，使用認知行為療法的語言、你健康的信念、反駁和說服的工具，為你的反對意見找出合理的答案。然後畫一個向下的小箭頭。
5. 現在，寫下「非理性」這個詞，然後寫下另一個反對意見，同樣寫下你認為反對意見背後，有四種不健康信念中的哪一種。然後畫一個向下的小箭頭。

* 這些年來，也有很多人把它稱為「對可是，不可是」（yeah but no but）練習，「對可是」代表理性，「不可是」代表非理性。

6. 繼續，從理性到非理性，從懷疑和反對到對它們的理性應對。

7. 繼續。以同樣的方式回應，寫下你所有的懷疑和反對，運用到目前為止你從理性情緒行為療法中學到的知識，以及當你贊同不健康的觀點時，你有哪些想法、感覺和行為。當你贊同健康的觀點時，你的想法、感覺和行為又是什麼。就這樣一直做下去，直到你沒有懷疑和反對的論點了。

8. 不要只完成一張A4紙或這本書的一頁。這可能需要一張、兩張、三張或更多紙張。在進行過程中，盡量增加你的論點和對話的複雜性*。

9. 結束後，把對話轉回到健康信念上，最後，再評估一下你對這個信念的信心，寫下現在的百分比。這麼做的概念是，在你持續辯論的時候，你正在認可健康的觀點，為這些健康信念持續地、理性地、有說服力地論證，並且不斷地增強你的信心。

10. 反覆做這個練習幾次，在你的腦中或大聲念出來都可以，運用一些你曾經使用過的基本論點，在適當的情況下，控制你的思想、感覺和行為。

11. 希望你看懂這一切了，那麼，差不多是時候拿起紙和筆了。

「但是！」我聽見你在大叫，「要寫好多東西，我覺得我已經寫得夠多了。我需要休息一下。」

對此，我會說：「泰迪熊。」

對話練習的形式不限紙筆

我上過的每一種課程，都會要求我練習、練習，再練習，就像你們在這一章需要做的一樣。練習不只是因為要熟悉理性情緒行為療法的工具，還要從一種思維方式轉變為另一種思維方式。

在當學生時，我不一定能找到可以讓我練習的人。多年來，在我學習和練習的過程中，我已經記不清有多少次，我把泰迪熊放在椅子上，對它進行催眠（練習如何用運用不同的技巧、以不同的方式進行催眠，也練習如何治療某些症狀和情緒問題），或練習反駁、演練有說服力的論點，或進行理性與非理性的對話**。

所以，如果你有一隻泰迪熊，或其他絨毛玩偶、洋娃娃之類的東西，把它放在椅子上

* 我從客戶那裡收回的最大的一份作業，是一篇非常精彩的對話。總共四十八頁，裡面充滿了理由充分的回應、家人和朋友的意見、快速妙語和反駁、智慧的話語、詩、歌詞、引用和圖片。但是，不要害怕，因為你的不需要弄成這樣。

** 噢，熊熊告訴你的那些事，可憐的泰迪熊。

和它說話。這樣一來，你很明顯扮演了對話中的雙方，所以你可以用稍微不同的語調，甚至是一種愚蠢的聲音，來表現對話中不理智的一面。多年來，很多人嘗試過這種方法，而且效果很好。這並不像聽起來那麼傻，而且還滿能宣洩情緒的。

但是，如果你不喜歡和泰迪熊講話，或擔心有人進來把你抓走，你的智慧手機一定有語音備忘錄功能，在反駁或說服性論點的章節中，你可能已經使用過這個功能了。

這樣做的好處是，在你做完理性與非理性之間的對話後，可以多重複播放幾次，確實鞏固對話內容以及你對健康信念的信心。再說一次，在扮演不理智的一面時，你可以稍微改變一下聲音。為了增加更多效果，你也可以在練習的時候稍微跨步，左腳代表對話中理性的一面，右腳代表不理性的一面。

記住你的百分比。如果到你練習完時，你的信念還只有六五％，表示你仍然有一些反對意見需要整理。但是，如果你已經有七〇％或八〇％了，那麼你已經做得很好了。

你不可能達到一〇〇％，因為這是不切實際的美好幻想。只要是在一〇〇％以下，七〇％以上，就表示你已經做得很確實，是時候把你寫的（或說的）付諸實行了。

理性情緒行為療法中的「行為」

當你對健康的信念有了充足的信心，就需要開始按照這些信念行動了。你得開始把事情付諸實行，如果不這樣做，那麼到目前為止所寫的一切，都只是理論，而且將永遠只是理論。所以現在，你的作業變成了「行為」。

舉個例子，現在我有健康的信念：「我希望別人不要阻礙我的路，但他們沒有理由絕不能這樣做。別人阻礙到我，這很不好，但並不糟糕。當別人阻礙到我的時候，我覺得很難受，但我知道我能忍受。而那些擋我路的人也不是十足的白痴，他們是有價值、會犯錯的人。」我現在的信心值是八五％，已經準備好回到擁擠的地方去了。不是偶爾，而是反覆地，一遍又一遍，直到我感覺自己的情緒產生了變化，感覺我能控制局面和自己。

所以，我去了很多人聚集的地方，而且我會盡量多去，像是顛峰時間的公共交通運輸站、火車站、週末的購物中心、受歡迎的酒吧和夜店，各種你能想到的擁擠場所，任何可以測驗我的地方，直到我可以有把握地說，無論從何種層面上來看，我在擁擠的地方只是感到懊惱，而不是憤怒。

而西奧，他對健康信念可以幫助他實現目標有八〇％的信心，所以他必須盡量多參加社交活動。他複誦他的健康信念，如果需要的話還會回去參考作業，直到他像我一樣，無論從哪種角度看來，都可以完全可以放心地說，他在社交時會緊張，但已經不再焦慮。而我剛說的如果有必要就回去參考作業，因為有時候，這是你必須做的，這就是作業的作用。

這些年來，我請許多客戶把他們的作業存在智慧手機和平板電腦裡，以便隨時查看。如果你覺得你需要一些小複習，如果你覺得你的煩擾試圖奪回權力，那麼你隨時都能躲進洗手間，用你的練習重新控制自己（許多人已經這麼做過，且持續這樣做）。

那麼，在閱讀這本書的過程中，你在處理什麼樣的問題呢？你要如何測試你做得有多好呢？

舉例來說，如果你正在處理對狗的恐懼症，你就需要盡可能多接觸狗。如果你對人生的方向感到沮喪，已經跟生活脫節，那麼現在是時候盡量重新融入生活了。如果你像我一樣有憤怒管理的問題，你得把自己暴露在會誘發憤怒的情況或人面前，一遍又一遍。如果你像西奧一樣有社交焦慮症，那麼在接下來的幾週或幾個月裡，你必須讓自己成為一個善於交際的人。你甚至可以先用想像進行幾次排練。

在理性情緒行為療法和其他認知行為療法中，你為自己設定的任何行為任務，都可以用「實境試驗」（in vivo）或「想像試驗」（in vitro）進行。

實境試驗意思是真的去做，像是需要我確實前往擁擠的購物中心，也需要西奧確實參加聚會；而想像試驗的意思也是做同樣的事情，不過，是運用你的想像力。

比如我坐在椅子上，閉上眼睛，想像自己在擁擠的地方，想像人們撞到我、絆到我，同時複誦我的健康信念，並根據這些信念去思考、感受和行動。對西奧來說也是一樣，他坐在椅子上，閉著眼睛，想像著自己在派對上，一邊複誦他的健康信念，一邊想像一些負面評判，並按照他的健康信念去行動。這是一種非常有效的技巧。

有些人喜歡直接實際執行，而有些人喜歡先在想像中演練幾次。

如果你是從想像開始的，到了某個階段，你還是必須實際執行，而且，這兩種技巧的關鍵都是重複。如果不能馬上按照計畫進行也不用擔心，這就是之前所有作業的目的。利用你的作業，隨時隨地閱讀，用它來控制你的情緒和行為。

如果你在行為作業中表現得不錯，把它記下來。如果你做得還不錯，但沒有你預期的那麼好，也把它記下來。最重要的是，如果你恢復原樣，或是再度感到焦慮、憂鬱或憤怒，把你在情緒中說的話記下來，並把它們加進理性與非理性對話中。努力解決它，用理性反駁它，然後再次測試。

這裡的重點是持續做下去。你越重複你的健康信念，越按照健康信念行事，你就越能改正思考、感受和行動的習慣，開始表現得像個全新的你，一個健康而理性的你，因此這一節的標題叫做「重複練習，習慣成自然」。

第五週要做的事

- 構建你的理性與非理性對話，培養對健康信念的信心，信心百分比越高越好。讀透並多演練幾次。
- 當你覺得自己準備好了，開始行為做試驗，次數越多越好，在你的想像中或在現實中皆可，或兩者兼有。
- 紀錄你的成功、差點成功，以及失敗的時刻（如果真的失敗了）。如果真的出了問題，記下你說了什麼讓你回到以前的行為，並把它加到你的理性與非理性對話中。
- 持續練習。

在你繼續閱讀第六週的內容前，請回答下面的問題：

想一想

- 本節在說什麼？你如何應用這些知識？
- 你嘗試過哪些行為試驗？對自己的進步有多滿意？如果你不像你預期的那麼高興，你認為是什麼阻礙了進步？

• 在閱讀本節，用這種方式質疑信念、將信念付諸實踐的過程中，以及反思過去一週，這些信念可以應用到哪些領域時，你是否有產生一些理解或「頓悟」的瞬間？

你的理性與非理性對話：

你的實境試驗：

你的想像試驗：

14 第六週 理性與不理性，切換自如

「我的人生使命不僅僅是生存，而是蓬勃成長，而且要帶著一些熱情、一些慈悲、一些幽默和一些品味。」

——馬雅・安傑洛（Maya Angela），美國詩人

到目前為止，做了這麼多努力之後，你有什麼感覺？你覺得離完全實現目標還有多少距離？我希望你感覺就快到了或更好一點，真的非常接近了。

你想要某樣東西把你送到那裡嗎？想要？那很好，就在這裡。

在本書稍早的章節中我曾提過，在一九八二年對美國和加拿大心理學家的一次專業調查中，亞伯・艾里斯被評選為歷史上第二有影響力的心理治療師，佛洛伊德排名第三。排名第一的是美國心理學家卡爾・羅傑斯（Carl Rogers）。他是人本主義（或以患者為

中心）療法的創始者，在他眾多的讚譽、成就和著作中，包括現在被稱為「核心條件」的發展。這些都是諮商師或治療師為了幫助患者而必須具備或表現出來的特質。

這些核心條件目前已被廣泛接受，不只是人本主義治療師，而是幾乎所有的治療師，無論學科或背景為何。核心條件有三種：同理心、一致和無條件的積極關注。

同理心表示能夠從客戶的角度去理解事情，可以設身處地為他們著想。一致性就是真誠和真實，有助於建立信任和融洽。最後，我們有無條件的積極關注，這是一種可以讓客戶暢所欲言，而不用擔心被評判或批評的能力（若他們願意信任你，將最深、最黑暗的祕密告訴你，這將非常重要）。

羅傑斯認為這些核心條件是「必要的和充分的」條件。他的意思是，必須具備這些條件，治療性的改變才會發生（必要條件），如果有了它們，治療性的改變就可以發生了（充分條件）。

然而，亞伯．艾里斯不同意。他認為這些條件既不是必要的，也不是充分的。雖然他相信，如果有這些條件，改變的確比較可能發生，但他也相信，即使沒有這些條件，改變也會發生。似乎是為了證明這一點，艾里斯本身是一個相當易怒難搞的人，他並不是個溫暖或很有同理心的人，但他卻是一個非常成功的治療師。

他還增加了第四個核心條件，幽默。

艾里斯說，部分問題其實在於客戶把自己、別人或世界狀況看得太過認真了。他認為如果你能幫助他們放鬆，甚至取笑他們的信念和信念造成的各種困擾，那麼在改變的過程中，你就會給他們很大的幫助。

「為什麼不開些有趣的玩笑來逗他們呢？」他說，「或者用智慧劈開他們的問題。」* 為了達到這個目的，他會在治療室裡說笑話、雙關語、俏皮話、俚語，甚至荒誕淫穢的話語。不要直接攻擊客戶，也不要以任何方式批評他們，而是嘲諷、貶低，以及取笑他們不健康的信念和那些瘋狂的想法。

我的碩士論文就是關於在心理治療中運用幽默，所以我非常贊同讓人們對自己腦中的一些想法發笑。而且一定有人覺得我的論文很有趣，因為它發表在期刊上了。

笑被稱為最好的藥物並不是沒有原因的，它的好處無數，而且有許多證明。笑能引發身體健康的生理變化，幽默和歡笑可以增強你的免疫系統、提振能量、降低痛苦，以及保護你不受壓力的傷害。它們保護心臟，並刺激胺多芬**釋放。從心理方面來說，它們能增加幸福感、減輕壓力、改善情緒、增強韌性，並改善人際關係。也就是說，它們真的能幫

---

* 也許這表明艾里斯並不像他自以為的那樣有趣。

** 一種腦內啡，人體自然分泌的，讓人感覺良好的化學物質。

助你保持情緒健康。

研究顯示，笑可以化解痛苦的情緒，當你在笑的時候，很難感到焦慮或沮喪，它能幫助你放鬆、充電，讓你改變觀點，這樣你就能從更實際、更少威脅的角度來看待問題。它還能產生心理距離，以免你被情緒壓透不過氣。幽默有趣的交流能激發正面的感覺、培養情緒連結，進而加強人際關係。

想到這些，誰會不想給自己的生活帶來更多有趣的東西呢？另外，在這一節裡，你會咒罵、唱歌、大聲喊出你最喜歡的電影台詞，這並不是為了好玩（雖然真的很有趣），而是為了改變你思考、感覺和行動的方式。

有一個很好的方式，能讓你從一種思維方式轉變為另一種，不只是要反駁你的信念，而是要激烈、反覆地反駁它們。非常用力地喊出你的信念也有幫助（大聲喊出來或在腦中喊皆可）。

要讓你的論點增加力道的絕佳方法，就是咒罵。

我是說真的，叫你那些不健康的信念滾開。本書的原文書名，有個 F 開頭的爆炸字眼，並不是沒有原因的。

許多研究都支持在許多情況下，罵髒話是有用的。罵髒話可以幫助你應對逆境、更快融入人們、應對困難艱辛的情況，還有重要的一點，就是增強論點的說服力。

北伊利諾大學（Northern Illinois University）的研究人員進行了一個實驗，研究說髒話對演講說服力的影響。參與者受邀去聽同一個演講的三個版本。一個在開頭時就出現「該死」（Damn）這個字眼，一個在結尾時出現，還有一個沒有用到這個字眼。結果顯示，在演講開始或結束時說髒話，不僅能大幅提高演講的說服力，也提高了聽眾感覺到的強度*。

與此同時，英國基爾大學（Keele University）的理查．史蒂芬斯（Richard Stephens）教授，多年來對說髒話的各種方式進行了測試。他和他的團隊發現，咒罵髒話的人在冰水中忍耐的時間，比不罵人的人長，在無氧強度測試中，同樣在在固定自行車上，咒罵髒話的人比不罵的人產生更多的功率和更有力的握力。他和他的團隊甚至發現，那些對事件有災難化傾向（比如戲劇化）的人，對疼痛的耐受力比較差，就算他們咒罵了。

說髒話是維持控制的一種好方法，不僅可以控制你的痛苦和壓力，也可以控制你的情緒。所以，簡而言之，如果你想加強你的說服力論點，或想在關鍵時刻給健康信念更多的刺激，請不要害怕說髒話。

事實上，如果你會罵髒話，這就是本週作業的一部分。

---

* 這可能是本書中唯一的學術參考資料：The positive effects of obscenity on persuasion', *Social Influence*, 1:2, 138– 146, DOI: 10.1080/15534510600747597

在其他地方，研究表明會說髒話的人（只要髒話是他們廣泛使用的詞彙的一部分），通常會比較健康、比較快樂，而且更加誠實。

但是，在理性情緒行為療法中，它的效果如何呢？

假設你有藥物上癮問題，就不健康的信念而言，上癮是很容易理解的。這裡說的不是你最初會上癮的原因，因為這可能有許多複雜因素，而是你的大腦在使用的語言，大腦實際上會期待下一次快樂事情的到來。是你的腦在說：「我必須要〇〇藥物，給我，給我，給我！沒有它，我一分鐘也撐不下去。」它會以非常大聲、非常強烈地方式說出來，同時給你巨大的衝動去取得特定的藥物。

健康、理性和有益的替代信念是：「我想要〇〇藥物，但我不一定非要用它不可。對〇〇藥物說不很困難，但我知道我能忍受。」

你認為這種信念足以阻止你使用已經上癮藥物的衝動嗎？也許吧，如果你已經對你的信念進行過強烈且反覆的反駁。再看看下面這個信念怎麼樣：

「當然，我也想用〇〇藥物，但我他媽的不一定非要擁有它不可。說不很難，但該死的殺不死我！」

你不覺得它更有魅力嗎？現在說大聲一點，盡量大聲喊出來。你感覺怎麼樣？你是否覺得：「該死的，當然！」這樣才對嘛。

例如，西奧喜歡說髒話。希望你現在已經很熟悉他的健康信念了，當他給它們加上力道和能量（比如髒話）時，它們看起來是這樣：

「我希望人們不要評判我，但該死的愛怎麼樣就怎麼樣。評判是不好的，但這該死的還不是最糟糕的事情。我不喜歡它，我該死的也沒必要去喜歡，但它殺不死我的。我該死的沒有什麼問題，我好得很。」

還有其他豐富多彩的方式，可以為你的信念增添力道和能量：歌詞、電影語錄、你最喜歡的電影場景或書中的段落。而且，你還可以在裡面加入髒話，達到更好的效果。

我有一個客戶對冰毒上癮，如果你不小心，這種藥會讓你難以翻身。他健康的不吸毒信念和上面的非常相似，加上他會自我譴責（因為我想使用它，所以我很軟弱），我們正在努力建構他的自我接受（雖然我會想要用藥，但我並不軟弱，我是一個有價值、會犯錯的人）。這有幫助，但還不足以限制他用藥。

這客戶是個「魔戒粉」，就是托爾金（J. R. R. Tolkien）所有作品的粉絲，尤其鍾愛《魔戒》（*The Lord of the Rings*）三部曲*。

---

* 為了那些不知道《魔戒》內容的讀者，讓我把這個超長又精采絕倫的故事簡單講一下：有個非常壞的巫師叫索倫，他為自己鑄造了一枚非常強大的戒指，這枚戒指增強了他所有的邪惡力量。但更過份的是，他還以友誼為藉口，為精靈、矮人和人類之王，也製作了幾枚戒指，他沒有告訴他們的是，這些戒指被他那枚戒指暗中奴役和控制著。精靈和矮人們看到戒指時，幾乎都是不屑一顧，然而，人類的九個國王說：「真是太美了，謝謝。」然後戴上了戒指。他們很快就失去了高貴地位，變成了「戒靈」。他們是幽靈，是昔日自己的影子，是魔戒及其主人的奴隸。

我的客戶在第一次諮商中對自己的描述就是這樣，一個戒靈、一個鬼魂，一個影子，毒品的奴隸。當他在酒吧裡或在派對上，周圍的人都充滿生命力，而他感覺自己就像一個幽靈。

在《魔戒》中還有一個善良而強大的巫師，名叫甘道夫。你可以看出他是一個巫師，因為他有巫師的手杖。書中有一個特別震撼的場景，甘道夫站在一座橫跨峽谷的橋上，試圖保護他的朋友們，不讓一個名叫炎魔的巨大火惡魔靠近。當炎魔要過橋時，甘道夫吼道：「你不能通過！」然後他用手杖重擊橋，讓橋整個粉碎，用魔法的能量猛擊這個惡魔，把它扔進深淵*。

這是書中非常有名和激動人心的一段，不僅出現在電影三部曲第一部的結尾，而且導演彼得．傑克森（Peter Jackson）認為在三部曲的第二部開頭重複這段話非常合適。

我和這位客戶討論了如何在信念中增加力道和髒話，並建議他將這些加到他的信念中，觀察結果如何。我們還討論了電影、書籍和歌曲。

下週他回來時，緊張地遞給我一張紙，上面寫道：「我該死的不是戒靈，我該死的是甘道夫！」

在過去的一週中，每當他開始有想要用藥的衝動時，他就會在腦子裡或直接大聲喊出這句話。他還想像自己就是甘道夫，站在橋上大喊：「你不能通過！」然後用他假想的手杖打向假想的橋，用假想的魔法能量擊潰真實的欲望，然後將他的惡魔拋入深淵**。

然後他問我，他的作業做得是否正確，確實很正確，因為他回報說這是他迄今為止表現最好的一週，而且從上一堂諮商到現在，他完全沒有用藥。

所以，如果你想用咒罵的方式捍衛你那該死的信念，我也會支持你那該死的決定。但是，如果你不喜歡罵髒話，又該怎麼辦呢？如果你不想罵髒話，你就不要罵，因為表達情緒感染力的方式本來就不只一種。如果你不直接說髒話，但你會用「法克」這類的諧音詞來代替，那就隨你心意使用吧***。

你可以說：「我希望做每件事都能準時，但我該屎的不必非如此不可。」反正看你的信念是什麼，現在就大聲說出來。再一次。現在用喊的。再大聲點。你感覺怎麼樣？

我希望你感覺很棒，感到充滿了力量。

這麼多年來，不少客戶都把自己的信念變成了這樣：「看在老天的份上，莎拉，就算你希望別人照你說的做，但他們不一定非如此不可。你不喜歡它，你也不需要喜歡它，但是，出於一切神聖事物的愛，你可以撐過去，你可以應付的。」這樣的陳述符合理性情緒

---

* 回到它來的地方。在托爾金的小說中，每個人至少都必須說一次「回到它來的地方」。

** 回到它來的地方，沒錯。

*** 我的一個朋友和客戶確實都用諧音詞作為罵人的話。

行為療法的精神，充滿激情，讓人充滿力量，但又不包含任何髒話。

好，回到《魔戒》和其他一般書籍。電影和文學是靈感的偉大來源，我們都有最喜歡的場景、最喜歡的時刻、最喜歡的名言。如果你有，就使用它們。多年來，許多哈利波特迷把他們的信念變成了咒語，反映出他們在書中或電影中最喜歡的部分。不少客戶把他們所學的全部知識，都有效投入到「去去武器走」或「咄咄，荒唐」中，甚至還有「疾疾，護法現身」*，最後這個咒語，還要伴隨著他們選擇的成熟「護法」形象才算完整。

另外，我有充分的證據證明，「疾疾，護法現身」真的跟咒語一樣有效，不僅能驅散不健康的信念，還能驅散它們產生的煩擾情緒和行為。

歌曲也很有效。通常，我們最喜歡的歌詞就會成為理性情緒行為療法過程的象徵，這些歌詞會成為健康信念的同義詞。

我另一個客戶有憤怒管理的問題，尤其是當事情不照他的心意發展，或當他感到自己愚蠢或被貶低時。他是個高大魁梧的男人，我們討論到為他的信念及說服性論點增加力道和能量時，我提到罵髒話，他卻使勁地搖頭。

「請不要讓我罵髒話。」他說，「我有兩個還很小的女兒，我必須非常努力不說髒話，我不想重蹈覆轍。」

「沒關係，那就不要用髒話。」我說。然後提到電影、書籍和歌曲。他的作業就是想出一些他覺得有力量的東西，給他的信念一點刺激。

一週後他回來，我問他有沒有想到什麼好主意時，他看起來有點不好意思。

「是有啦。」他說。

「很好啊，」我說，「那你想到什麼？」

「就是，你記得我有兩個還很小的女兒吧？」

我點點頭：「繼續說。」

「她們很喜歡那部電影，《冰雪奇緣》，你知道嗎？」

我的確知道，而且我也知道他要說什麼了。

「她們一遍又一遍地播放，有時會叫我跟她們一起唱歌。其中有一首歌……」

你知道，我知道，他什麼都不需要再說了。每當他開始感到憤怒時，他就唱〈放開手〉（*Let it Go*）。

由於女兒們對《冰雪奇緣》的喜愛，這首主題曲中的每一個字，都深深印在他的腦海裡，而且，奇怪的是，這首歌相當符合我們一直在努力的健康信念。每當他快要控制不住脾氣時，他就會唱這首歌，當然是在他腦中，而不是大聲唱出來。

＊「去去武器走」、「咄咄，荒唐」和「疾疾，護法現身」，皆是出自《哈利波特》（*Harry Potter*）書中的咒語。

「有效嗎？」我問。

「有，」他說，「非常有效。」

這些年來，在我分享這個治療趣聞時，很多人都回到診所對我說：「其實〈放開手〉對我也很有效，我根本沒辦法把那首歌從腦中趕出去，而且真的很有幫助。」我不知道現在有多少人正在唱《冰雪奇緣》中的這首歌，作為表述信念的方式*。

聽起來可能有點奇怪，但歌曲確實有幫助。它們賦予你力量，使你能夠應對逆境。誰沒有在臥室或客廳裡踉踉蹌蹌地走著，手裡拿著已經喝了一半的酒，唱著分手的民謠，給自己力量，要從剛結束戀情的愁苦情緒中走出來呢**？

所以你可以在信念中加入髒話，大聲喊出你的信念，把書和電影中的片段和名言加到你的信念裡，你可以唱關於你信念的歌。但是要注意選歌，因為大多數歌曲都不太妙，因為有些充滿了非理性的語言。請讓我詳細說明。

非理性語言

有太多非理性的語言圍繞著我們。我們聽到別人說，我們也會說，我們思考它、感受它。它們就在電視裡、書籍裡，如果你聽音樂，它肯定也會出現在歌曲裡，尤其是關於愛情的歌。

提到愛情和戀愛關係時，大多數歌詞的確是非常不理性的。我們都知道情歌大概是怎麼樣的，無論是流行音樂、舞曲、搖滾，還是藍調，無論伴奏是精緻的琴弦還是沉重的基調，它們差不多都是這樣：

我必須擁有你／你必須愛我／只有你，只有你
喔，喔，喔，愛，愛，愛
我無法忍受沒有你的生活／沒有你的生活不值得過
喔，喔，喔，愛，愛，愛

那麼，透過理性情緒行為療法機器播放時，前面的歌詞現在看起來會像這樣：

---

*〈放開手〉是由克莉斯汀．安德森－洛佩茲和羅伯特．洛佩茲（Kristen Anderson-Lopez and Robert Lopez）這對夫婦的歌曲創作團隊製作，由女演員兼歌手伊迪娜．曼佐（Idina Menzel）演唱。要是他們知道這守歌在治療中創造了什麼奇蹟就好了。麻煩誰請告訴他們。

**如果你想知道的話，是劣等物種合唱團（Skunk Anansie）的〈軟弱〉（Weak）。

我想擁有你，但我不需要擁有你／我希望你能愛我，但你不必愛我
總有其他人會回應我的感受／喔，喔，喔，愛，愛，愛
如果沒有你，我可能會覺得很難過，但我可以忍受／
同時，我會發現生活中其他有趣的事／
最終，愛上另一個人／喔，喔，喔，愛，愛，愛

好吧，像這樣的歌詞不會成為熱門金曲，但它們會在過程中帶入一些理性。這是必須的，因為，說實在的，愛並不是理性的情感。就拿披頭四的〈你唯一所需的就是愛〉（*All You Need is Love*）為例。是這樣嗎？愛是你唯一所需嗎？甚至，你真的需要它嗎？

一九四三年，心理學家亞伯拉罕．馬斯洛（Abraham Maslow）在他的論文《人類動機理論》（*A Theory of human Motivation*）中提出了人類的需求層次。基本上就是一個由五個層次的需求所組成的金字塔：生理需求、安全需求、歸屬或愛需求、尊重需求和自我實現需求。

在這五層中，只有由食物、水、溫暖和休息組成的最底層是「必須有」的，沒有它們，你會死（取決於你的需求，只是快跟慢的差別而已）。馬斯洛金字塔中的其他需求都是「優惠」，也就是說，沒有它們的生活你可能不喜歡，但你會活下去。所以，帶著馬斯

洛的理論，〈你唯一所需的就是愛〉（第三層的需求）會變成：

擁有愛是美好的，但你不必擁有它（重複，重複）／
愛，愛，愛／有愛比較好

雖然很理性，但從情歌的角度來看應該是垃圾。不過，它絕對是艾里斯會唱給客戶聽，或跟客戶一起唱的那種歌。

所以，讓我們看看你是否能從下面的理性歌詞中，找出原始的情歌是什麼。如果你不知道，答案在本節的最後。首先，這個：

我會覺得這很難忍受，但我知道，如果沒有你，我也可以活下去／
一開始我可能不想再付出，但我會痊癒、恢復、繼續前進／
然後再給予，但，是給別人

第二，這一首呢？

告訴我，告訴我寶貝／為什麼你不能離開我？
因為即使我希望我不想要，我還是想要／
我想要它，但我不需要擁有它／
我想擁有你，你，你，但我不需要擁有你，你，你

最後一個，雖然可能是送分題：

女孩的名字，女孩的名字，女孩的名字，女孩的名字／
我禮貌地請求你不要帶走我的男人／
女孩的名字，女孩的名字，女孩的名字，女孩的名字／
我希望你不要這樣做，雖然沒有法律規定你不能這樣做

大多數情歌都包含了過多的「不應該」、「必須」，還有「糟糕」和「無法忍受」。這不是好事。很可惜，雖然理性的語言可以讓你保持冷靜理智，即使是在經歷痛苦的分手，或是應付一個不忠實的情人時，但是這樣寫出的都是一些垃圾歌詞，沒有一個有點名氣的歌手會想要唱這種歌曲。

在這裡，你的作業是找出一首不理性的情歌，並改寫歌詞，使它們更符合理性情緒行為療法的教導。

理性語言

再給你一個加分題，如果你願意，你甚至可以去找一首理性的情歌。因為，他們確實存在，只是非常少數。就連《冰雪奇緣》中的〈放開手〉也有不理性之處，但桃莉絲・黛（Doris Day）的〈世事難料〉（*Que Sera, Sera*）或滾石樂隊（Rolling Stones）的〈你不可能總是得到你想要的〉（*You Can't Always Get What You Want*），就沒有非理性的錯誤了。

相信我，我給來看診的許多客戶都安排了這樣的作業，這個過程中大家都很開心。有個人甚至把一段德文詠嘆調翻譯成英文，然後把它變成一首理性的歌曲。然而，現在要離開音樂的世界，回到正常、日常、非理性的語言。

當人們持有不健康的信念時，就會以非理性的方式思考、感受和行動。他們說不理性的話，這些語言影響他們的想法，感覺和行為。下面這段話來自一位有工作壓力問題的女士：

問題是我老闆，我真的受不了她，她簡直就是個噩夢。她讓我的生活像地獄，她讓我們每個人的生活都像地獄。工作以外的她還好，但工作時她就像一頭母牛，一頭該死的母牛。前一分鐘她還那麼可愛、相處起來很舒服，下一分鐘她說話的態度就好像你是垃圾一樣。她的電子郵件有些還算合理，有些就很瘋狂，沒有任何規律或理由。你永遠不知道她會做什麼，或她接下來會做什麼。她簡直就有雙重人格，讓工作和生活難以忍受，每個人都提心吊膽。

我快瘋了。她不應該那樣的，她應該更尊重她的員工，她對待我們的方式太糟糕了。讓我又焦慮又生氣，我一直在壓抑，大多數日子，我回家時都感覺自己是個失敗者，擔心要怎麼應付第二天的事。我快崩潰了。

現在，讀完以上內容後：

- 你認為這個人感覺如何？
- 你認為他們在工作中表現如何？
- 他們下班回家後可能會做什麼？
- 他們如何應付老闆？

從非理性轉換為理性的語言

現在，我要請你們改寫上面這段話，運用到目前為止所學的知識、理性情緒行為療法的原則，以及健康信念在心理健康中的作用。如果你覺得很困難，我已經在下文寫了一個理性的版本。但請先試一試，不要偷看。

你還是偷看了，對嗎？

比較理性的版本

我和老闆有點問題。有時候她真的有點難應付，有時她還會有點討人厭。有時和她相處真的是個挑戰，不只是對我，對每個人都是這樣。她工作之餘還好，但工作時就沒那麼令人愉快了。前一分鐘她還那麼和藹可親，下一分鐘她又用居高臨下的口氣對你說話。她的電子郵件有些很合理，有些則完全不合理。而且沒有任何規律或理由，你永遠不知道她會做什麼，或她接下來會做什麼。她讓我感覺她好像有雙重人格。

我知道我能應付她，雖然她有時很難搞又很粗魯，我只是不確定我是否想這樣做。每個人都提心吊膽，這不是個令人愉快的工作環境。我的意思是，有時候我自己確實不好，但是如果她能對員工多一點尊重就好了。我知道她不必這麼做，這並不糟糕也不是地獄，只是很不愉快。和她相處會讓人很受挫，不知道她又會怎樣給你更多壓力。我不想把它憋在心裡，但是我回家的時候，確實是覺得很累、壓力很大。

這很令人遺憾，因為我喜歡這份工作的內容，我非常擅長。如果留下來就表示每天都要和她打交道，但離開就等於失去一份我很喜歡的工作。我想我還是不要太在乎她和她的態度。對，那樣應該會比較好，然後我就可以決定自己想做什麼了。

寫完你自己的版本或讀了前面的版本後：

- 這個人感覺如何？
- 他們在工作中表現如何？
- 他們下班回家後可能會做什麼？
- 他們如何應付老闆？

但是，對於你一直在處理的問題以及它們背後的信念，做這些的意義是什麼呢？

在接下來的一週及接下來的時間裡，當你經歷那些引發你煩擾情緒的情境時，我想讓你在信念中加入髒話，或唱歌，或回憶電影裡的台詞和書裡的段落，甚至是全部都做。

重點是，繼續做那些行為的作業，繼續把自己置於那些讓你困擾的情境中，或繼續和你覺得難以相處的人打交道，並且在複誦你健康信念的同時（記得加入額外的力道和能量），仔細觀察結果如何。

例如，西奧發現，如果他在派對，或社交聚會上開始感到有點焦慮（他去了兩次酒吧，還參加了一個小型家庭聚會），複誦他的健康信念會立即帶來緩解的感覺，更重要的是，會有一種立即的控制感。有了這些，再加上前一週做作業時體驗到的進步，他覺得自己的目標已經達成了，他很高興這是他的最後一次諮詢。他感到很有自信，覺得自己已經做到了。

你也能做到

就是這樣，六週、六個步驟的理性情緒行為療法過程，遵循 ABCDE 心理健康模式，處理一個特定的問題。你已經學會如何按照那個模式去拆解問題，並且在這個過程中，學會如何挑選問題，辨識出與該問題相關的不健康情緒，然後找出問題中最困擾你的部分。

然後，你已經正確辨識出你的不健康信念，然後制定出同等的健康信念。接著，你反駁你的信念，根據不健康的信念會給你帶來什麼，健康的信念又會給你帶來什麼，發展出了有說服力的論點。然後，對你的健康信念中建立了一定程度的信心，透過理性與非理性對話來處理所有的懷疑和反對，進而強化這個信念。

最後，藉由加入罵髒話、歌曲和電影片段，你為這個信念增添了力道和能量。這些全都是為了改變你在面對問題時的思考、感受和行動方式。

我希望你對結果感到滿意。

現在你已經在ＡＢＣＤＥ模式中的Ｅ了。意思是，如果一切都按照計畫順利進行，現在，你對最初的引發事件應該有了一個有效的理性的觀點。但是，接下來要做什麼呢？如何在未來的幾週、幾個月、幾年內，依然維持現在的成果？

這些都將在下一節講到，但在那之前，還有一些小小的作業要做。

第六週要做的事情

- 如果你會罵髒話，把這些字眼加進你的信念、理性與非理性對話和說服性論點中。如果你不罵，就把你的信念變成歌曲。或兩者並行，兩者都很好。
- 繼續你的行為作業，在想像中或真實生活中皆可，兩者都做更好，在有需要的時候，增加力道和能量到你的信念裡，讓你更有信心。

- 記下你的成功、差點就成功以及失敗的時刻（如果真的失敗的話）。
- 保持練習。
- 找一首不理性的歌，用你所學到的一切重寫它，把它變成一首理性的歌。

在你繼續閱讀下一節之前，請回答以下問題。

想一想

- 本節在說什麼？你如何應用這些知識？
- 你嘗試過哪些行為作業？對自己的進步有多滿意？是什麼給你的信念和爭論增加力道和能量，使你進步的？
- 你找到了什麼不理性的歌曲？你對理性的版本有什麼看法？有沒有什麼歌曲能讓你想到你一直在努力的健康信念？如果有，是哪些歌曲，為什麼？
- 在閱讀本章、用這種方式質疑信念、將信念付諸實踐的過程中，以及反思過去一週，這些信念可以應用到哪些領域時，你是否有產生一些理解或「頓悟」的瞬間？

【猜歌曲的解答】

你有找出這幾首理性情歌的原始非理性版本嗎？

第一首是〈沒有你〉（*Without You*），最初是威爾斯的搖滾樂隊 Badfinger 於一九七〇年所演唱，由皮特・漢姆（Pete Ham）和湯姆・艾文斯（Tom Evans）創作。後因空中補給（Air Supply）和瑪麗亞・凱莉（Mariah Carey）翻唱而出名。

第二首是由亞莉安娜・格蘭德（Ariana Grande）和伊姬・阿潔莉亞（Iggy Azalea）所主唱，二〇一四年熱門單曲〈問題〉（*Problem*）。

最後是多莉・帕頓（Dolly Parton）和她一九七三年的經典作品〈喬倫娜〉（*Jolene*）。

15 改變是一輩子的日常

「生活中，唯一真正的問題就是，接下來要做什麼。」

——亞瑟・查理斯・克拉克（Arthur C Clarke），英國作家

如果你已經按部就班處理了你的問題，我們現在就在ＡＢＣＤＥ心理健康模式的Ｅ上。Ｅ代表對引發事件的有效理性觀點，也可以代表這個問題結束了。大概是。

我之所以說「大概是」，是因為改變是一個終身的過程。包括理性情緒行為療法在內，任何形式的治療都是如此。但不用擔心，真的沒有聽起來那麼可怕。

如果你來找我進行治療，Ｅ不僅代表對你正在處理的問題，已經有了一個有效的理性觀點，也代表對那個問題的處理過程已經結束，要開始處理下一個問題了。你也可以這樣做，如果你覺得本書對解決特定的情緒問題很有幫助，那麼你當然可以採用同樣的方法去解決另一個問題。

雖然E也可能意謂著治療的結束，但這種結束未必是「最終的」意思。有些人喜歡短而尖銳的結束——問題解決了，目標實現了，再見，走出去，一種「除非有什麼必要，否則我們不必再見了」的感覺。

對另一些人來說，這是一種漸進的，逐漸減少的結束方式，將療程分散到幾週或幾個月，繼續觀察他們的進展，不僅是為了保持他們在解決問題上取得的成果，還要看這些成果對他們生活的其他方面產生多大的影響。

這就是現在的我們，這就是接下來要做的事情。無論你是讀了這本書並應用在自己身上，還是從其他治療師那結束了類似的療程，接下來要做的都是為了保持你的狀態。

許多人讀這種自助書籍，享受閱讀過程，從中找到意義，然後就把它們放回書架上，將內容忘得一乾二淨。沒多久他們又拿起另一本自助書籍，重複這個過程。你應該知道這種人會發生什麼事吧？

但是，如果一本書、一種療法或一個治療師觸動了你、改變了你、幫助你變得更好，那麼你難道不應該為了自己和心理健康，而讓這個過程繼續下去嗎？

這樣做涉及到很多因素，我們會一一討論。

首先，如果要你用一個句子或一個觀念來總結你從本書中學到的東西，這句話或這個觀念是什麼呢？

每個人給的答案都不一樣，對某些人來說，是放棄他們的要求。對另一些人來說，是永遠不再糟糕化或戲劇化。還有一些人是，他們相信自己能夠應對生活丟給他們的任何事情，或他們和其他人都是有價值的、容易犯錯的人。有些人說，他們得到的觀念就是永遠不再小題大做，或永遠不要對自己或他人期望過高。每個人都有不同的總結，不同的見解。

無論你的見解是什麼，是哪種技巧幫助你達成的呢？是反駁嗎，還是說服？是理性與非理性對話，還是在信念中用一點髒話，甚至是結合兩種或兩種以上的技巧？你最喜歡哪一種技巧，哪一種適用於你？

同樣地，不同的人會有不同的答案，對某些人來說，是反駁帶來的理性，對另一些人來說，是看信念讓他們得到了什麼，還有一些人喜歡以理性與非理性對話的方式跟自己交談，也有一些人總是會從把髒話加入他們的信念，或唱〈放開手〉中得到樂趣。

無論你的答案是什麼，記住，在困難的時候，這將是你的首選技巧。

有情緒波動是正常的

短暫的波動和復發有什麼差別呢？還有，你如何阻止一個變成另外一個？

短暫的波動是狀態不佳的日子，我們都會有。而復發是恢復到原來的狀態，就是你發現自己回到了使用理性情緒行為療法前的狀態。

波動是無可避免的，我們都會有狀態不好的日子，沒有人是完美的，而每個人都是有價值、會犯錯的人。不要害怕短暫的波動，接受它，當它出現時，你可以使用學過的工具來分析它，看看你在告訴自己什麼，才會產生那樣的想法和感受，以及如果這種情況再次發生時，你會跟自己說什麼。

或者，你可以只是聳聳肩，就接受這是狀態不好的日子，不要在意，上床睡覺的時想著，明天會是另一個更理性的日子。

在療程結束時，離開診所的人大概可以分成兩種。第一種類型，他們離開時相信：「好，我現在的狀態很好。我希望我不會出錯，但我可能會出錯，如果我真的出錯了，我不會喜歡的，但這又不是世界末日。如果出錯，我可能會覺得很難過，但我知道我能應付。就算我出錯了，我也不是一個失敗者，我是一個有價值、會犯錯的人。」

這些人離開診所時，感到開心、樂觀、充滿力量。他們理解並接受波動必然會出現，起起伏伏本是過程的一部分。更重要的是，他們知道如果發生這種情況，該怎麼應對。

另一種人在離開診所時相信：「好，我現在的狀態很好。我絕對不能出錯，不然就太糟糕了、無法忍受，而且表示我失敗了。」

這些人帶著壓力離開診所，他們因為潛在的短暫波動而心慌。更重要的是，如果真的出現了波動，他們比較有可能復發，回到原來的狀態。

所以，這裡的主要問題是：讀完這本書之後，你會成為什麼樣的人？*如果你決心成為一個輕鬆應對波動的人，那你就比較有可能從容處理事情。這當然不代表永遠不會復發，但它確實大大降低了復發的可能性。

然而，如果你認為自己正在復發，面對它時，你並不是無能為力的，你可以做一些事。希望在你讀完這本書後，已經建立了一系列「你做過的事情」（就是你的作業）。這些是你的想法，感覺和信念的集合，以及你與它們搏鬥的過程。把所有的東西從頭讀一遍，如果需要的話再多讀一下。如果這樣沒有效果，那就把本書從頭再看一遍，因為你可能因一套新的不健康的信念，而產生了新的問題。

而且，如果情況真的很不好（但不是很糟糕，絕對不會糟糕），你總是可以尋求專業人士的協助。

對於之前找過我又回來的人，那些經歷過復發的人（不是只是來「複習」療程，或想在指導下解決另一個問題的人），我有一個簡單的問題要問：「你什麼時候停止使用理性

* 請當健康的、理性的，不要當那種說：「你說呢？」的人。

情緒行為療法的？」

通常，他們都會這樣回答：「你怎麼知道？」

「因為你在這裡。」我說。十之八九的答案都是一樣的，他們在最後一次諮詢，離開我診所的那一刻，就停止使用理性情緒行為療法了。在心理上，這通常是無意識的，很少人是故意的，他們只是認為工作已經結束，不需要再做什麼了。

但是，這工作永遠不會結束，理性情緒行為療法是一個終身的過程。不過，正如我剛說的，沒有必要害怕，因為這個過程絕沒有看起來那麼困難。

為了證明這一點，我想談談花園*。

假設你買了一間新房子。這是一個專案，一個「修復與升級」，因為你有預算，無論是修復和升級，都是你要做的。

目前，它有一個可以稱為花園的東西。不過，其實根本是叢林，一片混亂、雜草叢生，到處都是不知道是什麼的東西，簡直不忍卒睹。但是，你已經有了計畫，它的大小很完美，而且，在你的腦海中，你可以看出它能變得多好。

但是，要讓叢林變成你心目中的花園，還有很多工作要做。也許你需要草擬一個計畫，也許不需要。但你絕對必須走出去，親自動手去除草、修剪樹枝之類的。你可能還需要請一輛載貨車，來清除你在叢林裡發現的所有東西。

然後，你去花園商店，買了一些灌木、種子和幼苗，按照你的計畫（心目中或實際的）種植。然而，你不能只是把它們擺在那裡，因為還有很多照料工作。你需要保護種子和幼苗之類的，需要定期給它們澆水，讓貓、毛毛蟲、蛞蝓、蝸牛和鳥類遠離你的花園。如果這些工作做得很好，某天早上起來，你會發現花園就像你幾週前想像的一樣漂亮。

但是，最重要的一點來了。現在你的花園看起來很漂亮了，就可以不再理它了嗎？當然不是。如果你不理它，雜草很快就會重新長出來，草坪會變成一片森林，沒有多久，你就又回到叢林了。

所以，你必須維護你的花園，在有時候除除草，有時候修剪一下，定期澆水，每次看到貓要在你最喜歡的花壇上撒尿時，就把牠們嚇跑。

問題是，這些維護工作會跟最初清理和鋪設時一樣困難嗎？答案是否定的，當然不會。

我希望這個比喻夠清楚了。從心理學的角度來說，我們清理了花園，種下了種子，養育了一切，看著它們長大，現在你的花園看起來很可愛。你只需要保持你的成就就好，你要想出一些可以定期做的小事情，來防止雜草春風吹又生**。

---

* 基於各種原因，在許多療法當中，花園都被當作變化開始萌芽的比喻。這個說法，是我在各種課程上聽到的翻版，包括我在倫敦大學金匠學院的碩士課程中。發明這個說法的人就是這學院的溫迪．德萊頓（Windy Dryden）教授。我所做的只是加入花園裡的害蟲和貓屎。

** 而且不要讓任何人或動物踩踏任何東西。

偶爾重讀一下這本書（或任何關於理性情緒行為療法的書），是保持你成就的好方法。重新讀你的筆記，讀這段過程中記下的所有「要做的事情」，也有一樣的效果。

有些人喜歡寫理性情緒行為療法日記，就是他們定期紀錄的東西。他們會寫下自己面臨的挑戰，尤其是那些他們認為自己沒有處理得很好的挑戰。他們寫下發生的事情，以及他們跟自己說了什麼，使自己變得不理性，並寫下如果這種情況再次發生，為了保持理性，他們會跟自己說什麼。他們甚至會在這個情境中加入反駁的論點，或有說服力的論點，來深入研究這個問題。

這些年來，我的不少客戶依然會持續進行理性與非理性對話，他們會在對話中加入新的挑戰和新的反對意見，然後用理性的觀點去反駁。

另一種維持你成就的方法，是隨時都注意自己使用的語言。永遠用偏好而不是要求，不要用「糟糕」、「噩夢」或「毀了」這類的詞。永遠不要說某件事是無法忍受的，永遠不要認為自己或別人是完全無用的、垃圾，或失敗者。無論在思想、言語和行為上，都要一直使用健康的信念。

不要只為了自己而使用它們，或是只用在自己身上。把你學到的傳授給別人，一點一滴地灌輸給別人。我們都被非理性包圍著：家裡，工作中，甚至在外與朋友社交時。如果你這樣做的話，你甚至可以享受更高的社會地位。

有一位曾來找我諮商的女士，她對自己的生活有著非常不健康的信念。主要是她缺乏學歷，在工作方面也沒有什麼成就，而且她當時長期缺乏一個男人。就像她自己說的，只要喝上三、四杯酒，她就會有點崩潰。這表示在任何一個週五或週六的晚上，聚會結束的時候，她都靠在至少一個朋友的肩膀上哭泣。

而當她開始按照自己的健康信念生活時，一切都改變了。她的情緒改善，她比以往任何時候都更熱愛她的工作，在週五和週六的晚上，她依然會和朋友們出去玩，但是，她不再需要可以靠著哭泣的肩膀，而是當她的朋友感到悲傷時，她成為那個可以依靠的肩膀，而且她給的建議都非常正確，更重要的是，都是非常理性的好建議。

大多數人給出的都是千篇一律的、善意的建議，一些陳詞濫調，本意是好的，但意義不大。台詞大致是「好了，茱莉。你比他更好」、「天涯何處無芳草」、「這一切到明天看來將會完全不同」、「忽視它，它就會消失」、「這是他的損失」、「他們只是嫉妒」。

但是，現在我這位客戶會提供專家級的理性情緒行為療法建議。每當她的朋友抱怨他們生活有多糟糕，或抱怨他們處境有多難以忍受，或表達某些要求，或貶低自己時，她就會使用理性情緒行為療法的工具和技術對其進行剖析。不是以嚴厲的方式，而是一般對話似的，這裡加一點反駁，那裡加一點說服，針對他們所說的內容，思考健康的替代信念。她不只對朋友，也對她的家人和同事這樣做。而這真的造成了很大的改變。

她在後續的追蹤療程中說：「這種感覺很棒。我就像知識的源泉，一個有知識、有智慧的女人，而不是充滿戲劇化的女人。現在每個人都向我尋求建議，我非常喜歡這種感覺。」

更重要的是，透過這樣經常性地傳授她所學到的知識，她不僅幫助了她的朋友、家人和同事，也讓她所學到的理性情緒行為療法知識，在她的腦海中保持鮮活。

這就是我們所說的「改變是一個終身的過程」。對事物保持理性的唯一方法，就是持續地理性思考，同時接受時不時出現的零星波動。

當你成為一個正確的理性大師和理性情緒行為療法知識的全才，當你嘗試傳遞你所學的東西時，它會產生意想不到的結果，但未必是按照你以為的方式。不要期望它對每個人都有作用，更重要的是，不要因為在某些人身上不起作用，而感到沮喪。

這是一個很容易犯的錯誤，你學會在逆境中理性思考，分析你的想法，並測試它們的有效性、它們的合理性和用途。但是，不是每個人都知道你所知道的。可能你會試著教他們，灌輸理性情緒行為療法給他們，但他們完全沒有吸收。有時候，在你看來，他們就像鬧脾氣的孩子，而他們完全有權利這樣做。你可能會覺得很難處理，但是，就像其他事情一樣，你完全可以忍受。

有一位女士，在我寫這本書時，正好來找我處理問題，如果我不提到她，她會殺了我，當然，她也走完了整個過程。她帶著一大堆問題來找我——對不確定性感到焦慮，需要知道所有事情的結果；對健康感到焦慮，擔心女兒長大後，或女兒發生什麼事時，她不能陪在身邊；不信任任何人做任何事，因為只有她的方式才是正確的；她的體重問題，飲食很不健康。

這一切都與大量的貶低連結在一起，她認為自己完全沒有價值、沒有用、醜陋、一無是處。我們耐心地處理，一週又一週，一步一腳印，一個問題接一個問題，直到一切都改變了。她接受了自己，甚至愛自己，堅定地愛著和丈夫、女兒在一起的生活。她不再憎恨，開始欣賞與珍惜，真正體驗到了純粹的快樂。

就在那時，她注意到周圍的人也都有很多要求（就像過去的她一樣），喜歡誇大、戲劇化（就像她曾經那樣），對幾乎所有事情都很不寬容（同樣，也跟她很相似），而且通常，如果不是譴責自己，就是非常喜歡批判別人（實在是太相似了）。

她覺得相當難受，原因有二。首先，這讓她想起了自己過去的樣子（她幾乎無法忍受），其次，他們的負面態度讓她精疲力盡（也是幾乎無法忍受）。

所以，她試著和周遭的人分享她學到的東西，但效果不太好。然後，她試著把這些內容一點一滴灌輸給同樣的人聽，但她說的話，好一點是被忽視，糟糕一點就被斷然拒絕。所以，到了最後，她接受了這樣的事實：雖然忍受這些壞習慣很困難，但她可以忍受，而且這樣做對她來說是最有利的。另外，她非常愛這些人。他們都是有價值、容易犯錯誤的人。最重要的是，他們都在自己的旅程上，而不是她的。她不需對他們負責，她只要對自己負責。這樣沒有關係，她依然在運用理性情緒行為療法。

你也是。日復一日，不要間斷，直到用理性情緒行為療法思考，成為你的自然思考方式。然而，即使它成為了你的自然思維方式，你仍然會偶爾經歷狀況不佳的日子，因為每個人都是這樣，每個人都是有價值、會犯錯的人。即使是最好的治療師偶爾也會走鐘（我也會）。

當你在處理自己的信念，從非理性走向理性時，你會經歷好日子和壞日子，某些日子裡，你會做得比較好，某些日子又不怎麼樣了。而且，就像生活中的大多數事情一樣，我們有一個俗語來描述這個：「前進兩步，後退一步」。

畢竟，生活就是這樣，無論是學習一個新語言或一種新技能，都是這樣。想要控制自己就是這樣，想讓自己更加進步就是這樣。改變不是一個線性的過程，而是前進兩步，後退一步的情況。這是沒問題的，不要否認它，去接受它，甚至去擁抱它。

我們當然讚賞成功，但更重要的是，要從錯誤中學習。記住，你現在就像一個科學家或運動員，所有的科學和運動都是這樣，沒有失敗，只有學習的機會。

還記得先前提過，愛默生說過：「所有的生活都是一場實驗」嗎？好了，現在你可以實驗你的生活了。

你可以自由使用理性情緒行為療法的概念、工具和技術，來試驗你的思想和信念。理性情緒行為療法是認知行為療法的第一種形式，也是一種大多數人都沒聽說過的療法（包括很多已經接受過這種心理治療的人）。

我希望它對你，就跟對我，還有這麼多年來我的許多客戶一樣有效。

16 轉念練習常見的問題

「發問的人蠢一時，不問的人蠢一世。」

——中國諺語

我收錄這句話有一個非常重要的原因，就是我不喜歡這句話。因為世上沒有蠢人，只有有價值、容易犯錯的人。你可能會問出聰明的問題，也可能不會；可能會問愚蠢的問題，也可能不會。

但是，就算你問了愚蠢的問題，你也不是一個傻瓜（哪怕只有一時）。然而，這麼多年來，我已經記不清有多少次，這句諺語總是在工作場所和演講活動中被引用。這主要是為了讓人們在演講的問答環節時放鬆。如果你有問題，就問吧；如果你有不明白的地方，請對方解釋。

在你和理性情緒行為療法或其他療法的治療師交談時，這一點非常重要。永遠不要害怕問問題，絕對不要讓治療師以為你理解了，但其實你還沒有理解。當對方問你是否理解某些部分，而實際上你還不理解時，也不要只是點頭說是。所有問題都是重要的問題，沒有蠢人，只有愚蠢的事情。當你需要知道答案，卻不去問的話，這就是一件非常愚蠢的事情。以下是人們對理性情緒行為療法常見的一些問題。

我真的能在六週內解決所有問題嗎？

不，不過在六週裡，你可以控制一個問題，只要它是一個明確的問題。我不習慣使用「治癒」或「解決」這樣的詞，而且會建議你避開那些聲稱能治癒你或解決你問題的治療師，最好是找一個說能幫你找回控制權的治療師。

本書可以幫助你控制一個明確的問題，所以，如果你因為關係中的某個特定方面對伴侶生氣，如果你對在工作中演講感到焦慮，如果你因為前任伴侶不值得信任而對新伴侶事事吃醋，如果你還在為失去的工作而憂鬱，那麼，我相信，只要你努力完成每個階段的作業，絕對可以在六週內解決這個問題。

然而，如果你的問題不只一個，模式仍然是可以套用的。只是，當你在心理健康的ABCDE模式中達到E（有效理性觀點）時，這只是代表你可以根據相同的模式，使用相同的工具來處理另一個問題（同時繼續觀察你在前一個問題上的位置）*。

* 這不僅適用於多個問題，也適用於面對同一問題時的多種情緒。

如果我不能在六週內解決問題呢？如果覺得這本書很難呢？

這是一本自助治療的書，而且我希望它是一本有效的書，但它不能取代一個經驗豐富的治療師，特別是如果你正在與一些複雜的問題搏鬥。不過，不要現在就放棄。像我之前說的，如果你的問題很明確，並且是輕微到中度的，六週就足夠了。

心中有個明確的目標也很有幫助，也就是說，每週的進度都要按照規畫進行。對許多人來說，事情確實在按規畫進行。但是，並不是每個人都會按照規畫這麼順利，即使他們做了，也不是一直都有這樣做。

如果你覺得這種情況發生在你身上，無論出於什麼原因，這並不代表這本書辜負了你或你在這方面失敗了（兩者都是有價值，也會犯錯的）。有些人很能接受理性情緒行為療法，如魚得水一樣，但對另一些人來說，這是一種全新而複雜的思維方式，因此，根據他們的過往經驗，這就像是把一隻扳手扔進他們那運轉良好的大腦引擎裡，然後看著一切「哐噹」卡頓。

這一切都表示你可能必須重複其中的一、兩個章節一到兩次。如果你認為你還沒有理解反駁或說服的部分，那就回到那幾篇；如果你想把所學付諸實踐，但又躊躇不前；如果你仍然感到焦慮或憤怒，那麼就回到理性與非理性的對話中去，因為在你準備好之前，你可能還有一些反對意見需要解決。

不要期望第一次就完美無缺，你可能遇到更強烈的負面情緒，即使它是健康的，另外，也要接受你得重複行為作業越多次越好，以降低這種情緒的強度。不要忘記，世界上沒有失敗，只有學習的機會。把你的行為作業想像成實驗。你可能第一次就得到你想要的結果，也可能沒有。

如果沒有，你只需要分析結果，必要時調整，然後重複，直到你得到想要的結果。六週可能變成八週或十週，但你仍然會達成一些很好的成效。

人不只有四種想法吧？

是的，不只。專家估計，人的大腦每天會想六萬到八萬個念頭，也就是平均每小時兩千五百到三千三百個念頭。其中大部分都是多餘的，或是我們根本沒有注意到的想法。根據理性情緒行為療法，四種讓你崩潰的想法，是面對特定問題時所持有的四種特定信念。

所有其他關於這個問題的不正常的想法、感覺、行為和症狀，都是這四種信念的結果。當你把這四種信念變成理性的同等信念時，你所有關於這個問題的其他想法，自然都會變得更加理性。

內容是不是有點過於重複了？

是的，當然，而且這很重要，我們是透過重複在學習的。想想你在學校是如何學習乘法表的，或你怎麼準備各種考試。重複是學習的關鍵，在理性情緒行為療法中，你會一遍又一遍地重複反駁、有說服力的論點，以及理性與非理性對話等練習，這樣才能從一種信念體系轉變為另一種信念體系。當你感覺到轉變發生時，你就需要按照健康的信念行動，不是一次兩次，也不是幾次，而是反覆地，一遍又一遍地，直到轉變成為永久的。不要迴避重複，請擁抱它。

內容是不是太簡單化了？

可以這樣說，但理性情緒行為療法的治療師更喜歡「優雅」這個詞。過去，當它還是一個新興的療法時，理性情緒行為療法中，會把你擊垮的想法不只四種，大概有二十種左右，但是，這些年來，這種療法被不斷地修改精進。

我們並不是說人不複雜，因為人確實很複雜，也並不是說問題很容易解決，因為並非如此。事實上，問題可以變得非常複雜到它們會自己產生問題，然後我們又為了這些問題，以無數新的、不健康的方式煩擾著自己。

我第一次去看心理醫生的時候，我坐在治療師面前，概述了我來這裡的問題，然後開始討論我整個（相當豐富多彩的）個人經歷，只是為了說明的更加清楚一點。過了一會兒，我停下來，主要是因為她臉上驚恐的表情。

「你有點招架不住了，對嗎？」我問。

她緊張地點頭默認。

「我得諮詢一下我的老師。」她說。

「那麼希望我下次諮詢時能請你的老師來。」

她如釋重負地說：「噢，絕對會幫你找其他人的。」

接下來的一週，我的新治療師用 ABCDE 心理健康模式（後來我才知道這名稱）解釋了我的問題。事實上，這就是我第一次接觸它。

這是一個優秀的模式，因為它有助於把複雜的事情分解成比較好處理的片段。你可以使用這個模式處理單一、特定的問題。一個問題解決了再處理下一個，我們不會同時處理所有問題，因為那樣只會使事情變得很複雜。有了理性情緒行為療法，你就可以把糾纏的心結，一條一條地梳理開來。

有了 ABCDE 模式，你會知道自己的位置，以及在這過程中的每一步中，自己到底在做什麼。

我的問題不只一個，我可能有幾十個問題。這是否表示我將永遠使用這本書，或永遠都要接受治療？

我希望不是這樣。所有形式的認知行為療法都被認為是短期的治療，也就是說，你要和治療師一起待上幾週到幾個月，但不是幾個月到幾年。理性情緒行為療法的理念是，在某種程度上，只要透過解決幾個問題，你看待生活和所有問題的方式，就會開始產生深刻的思想轉變。不僅如此，其實事情之間的連結，比它們看起來的要緊密得多。你的問題就像樹一樣，我是認真的。

你認識樹木的醫生嗎？如果沒有，你知道樹醫是做什麼的嗎？基本上，樹醫修復樹，他們幫助保護老的和損壞的樹木。現在，假設你正在穿過一片森林，你看到了一大叢看起來像是在生病的樹。

你可能會認為樹醫要處理這麼一大堆樹。但是，樹醫知道一些你可能不知道的事情，他們只需要治療一棵樹，也許是生病最嚴重的那棵，在他們治療這棵樹的時候，它會對周圍的許多樹木產生治療效果。所以，藉由處理一棵樹，他們實際上已經處理了一大片，因為事物之間的連結比它們看起來的更緊密。

治療三到四棵樹之後，整片樹林就痊癒了。你的問題就很像那些樹。你的問題清單上可能有一百個問題，但是，在你處理其中一個問題時，就會驚喜地發現，許多其他問題也都一起解決掉了。所以，就把你覺得有需要處理的問題全都列在清單上吧，但不要就這樣拖著不處理了。*

我必須放棄對我來說很重要的東西嗎？

這個問題很常被問到，尤其是那些喜歡掌控事物的人，或完美主義者。理性情緒行為療法要做的，並不是把一個關心某件事的人，變成一個不關心某件事的人。當我們感到煩擾時，問題並不在於我們在意這件事，而是在意得太多了，超過了健康或理性的程度。

理性情緒行為療法只是幫助你降低情緒強度，你仍然會在乎，也許是非常在乎，但不會在乎到煩擾到自己的生活。以完美主義為例，有些人就是不在意事情很「平凡」，他們不會因為草率行事，或對工作專案半途而廢而煩擾。

如果你對他們做個測試，會很明顯地發現，他們的信念不是「我不在乎完美」，就是「我既不關心也不在意完美」。那些要求「我做的每件事都必須非常完美」的人，會用自己的方式來確保事情完美無缺。

* 為了確定，我詢問過兩位真正的樹醫，這個比喻是否正確。一個說：「是的，當然。」另一個說：「是的，算是。」所以，鬆了一口氣。

他們不只是督促自己，而是把自己逼得太緊，他們會把自己逼到崩潰的邊緣。那些認為「我希望我所做的每件事都完美，但我知道它不必完美」的人仍然在意完美，因為這是他們的偏好。如果他們在意，他們仍然會督促自己，因為他們是被這種偏好所激勵的，但他們不會把自己逼到崩潰的邊緣*。

轉念練習看起來要說好多話、寫好多字，我都不喜歡，真的不適合我嗎？

好吧，希望你不會覺得讀這本書，或做作業太費力，但是，如果你真的這樣覺得，還有其他方法。雖然所有形式的認知行為療法都被稱為「談話療法」，但你也可以根據自己的情況來調整作業，並不是什麼都要你講一堆話，或是寫下來。

這些年來，我有很多客戶會使用智慧手機上的語音備忘錄功能，來反駁自己的信念，或是制定說服性論點，以他們的語言，而不是我的語言，說服力的論點，以他們能理解的方式，而不是我的方式。

也有很多人用同樣的方式錄下了實際的諮商過程，然後就只是重播給自己聽。還有一些人的作業和這本書裡的類似，只是用平板電腦或筆記型電腦把它們變成圖形、圖表、故事板、情緒板、視覺日記等。

我也見過不少人把他們在諮詢中學到的知識和為他們設置的作業，全都轉變為心智圖，因為這對他們來說是最有效的。還有一位讓人印象深刻的客戶，買了一疊檔案卡和一個檔案盒，在每張卡片上寫下一個重點，然後定期查看這疊檔案卡。

在做這本書裡的作業時，你不需要像我描述的那樣做，你可以把所學到的東西轉化成一種既對你有意義，又能幫助你實現信念的形式**。

我會變成沒有情緒的機器人嗎？

這是不可能的！沒錯，理性情緒行為療法的名字裡包含了「理性」一詞，而我們使用邏輯來幫助你合理化你的信念，這也沒錯，但我們不是指像機器人或像瓦肯人（星際迷航記的粉絲應該懂）那樣的邏輯。

在理性情緒行為療法中，每一種不健康的負面情緒都有一個對應的健康負面情緒。別忘了，不健康的意思是對你和其他人沒有幫助，而健康的意思是對你和其他人有幫助。

當你帶著不健康的信念時，你思考、感受和行動的方式，對你是沒有幫助的，但當你帶著健康的信念時，你思考、感受和行動的方式，對你有幫助。沒有情緒的行動和反應，

* 如果有幫助的話，你可以說：「我真的非常、非常希望我做的每件事都能做到完美，但我也知道不一定非完美不可（因為不可能，也不可能總是如此）」。

** 我敢肯定，表情符號的作業絕對在某個地方出現過。

既不健康也沒有幫助。有時你會有一些事情需要擔心，難過或沮喪。更重要的是，這些情緒是有一定規模的（比如從一點點擔心到非常擔心）。

一件事越讓人擔心，你當然就會越擔心，但是，只要你的信念是健康的，那麼不管你的情緒有多強烈，它都是健康的，所以你的思想和行為也會同樣健康（就是對你有幫助）。

英國人曾經以「僵硬的上唇」出名，大多數人認為這表示我們非常善於壓抑自己的情緒，直到我們變得非常瘋狂，但實際上沒有那麼不好。一個上唇僵硬的人在面對逆境時，會展現出堅忍不拔的態度，或是在表達情緒時展現出極大的自我克制程度（至少，維基百科是這樣說的）。

這就是理性情緒行為療法的本質，它是一種幫助你培養堅韌精神的療法，在這樣做的同時，它絕對希望你表達情緒，但是要恰當地表達它們。

但事件確實會引發情緒，尤其是一些真正創傷的事件，不是嗎？

如果發生了一些創傷事件，你絕對可以處在極端的情緒中，這時候認知行為療法可能就不是最好的治療工具了。心理諮詢只是為你提供一個安全的說話空間，而對正在經歷創傷的人來說，雖然難過但或許很適合。也就是說，有一種創傷聚焦認知行為療法，我曾拿來幫助很多經歷創傷的人。

如果你讀完了這本書，我希望你能明白，當某些事情發生時，它確實會影響你的思考、感受和行動方式，但就只是影響。更直接地說，真正決定你的想法、感受和行動的，是你對事件的信念。而一個事件造成的創傷越大，它對你的情緒和行為的影響就越大。

假設你捲入了一場事故，或是家庭暴力或性侵犯的倖存者。在ABCDE心理健康模式中，這些都是非常明顯的引發事件A。現在，在事件發生之後，還在經歷痛的過程中，你被允許有各式各樣的煩擾失控，你被允許使用所有的「應該」和「不應該」。

你需要的是時間，去恢復、去處理、去療癒，然後繼續前進。隨著時間慢慢過去，你的要求自然會變成偏好，如果沒有這樣的話，才需要使用理性情緒行為療法這個工具。

如果在經歷了創傷事件幾個月，甚至幾年之後，你仍然堅持你的要求，那麼你就需要檢視自己的信念了。但是，情緒責任的原則是：真正煩擾你的，並不是生活中的事件，而是你對自己說的那些話，依然存在著。

如果我接受健康信念，當我做壞事時，是否就沒罪惡感？

我真的希望不會。如果做壞事的人是你時，我希望你持有這樣的信念：「我希望我沒有做那件壞事，但我沒有理由絕對不能做，雖然我做了一件不好的事，但我不是一個壞人，我是一個有價值、會犯錯的人。」

帶著這種信念，你仍然會經歷某種情緒，而且不會是快樂的，你體驗到的會是一種健康的負面情緒，伴隨著適當的行為。更重要的是，你清楚地表明了確實有一件壞事，你希望自己沒有做，但做了壞事並不代表你就是徹底的壞人。

這並不是要讓你擺脫一切，有了這種信念，你會寧願做好事，因為如果做的是壞事，你會希望自己沒有做，你必須要為所做的事贖罪，承擔你所做的事，但你可以以一種健康而有建設性的方式繼續前進。其他人也一樣。

你接受他們是有價值、容易犯錯的人，並不是要讓他們擺脫責任，而是在為了讓自己解脫（憤怒、沮喪之類的情緒也是一種困境）。然而，原諒那些曾經傷害你的人，接受他們是有價值和容易犯錯的人，並不表示你必須接受他們回到你的生活中。

如果有人對你有危害，你絕對有權利告訴他們這樣做不對，要他們立刻遠離你的生活。但你這樣說的同時，要接受他們是這樣的人，希望他們餘生都能順利（只要他們的餘生是遠離你的）。

認知行為療法不好嗎？

簡短的回答是「不」。所有形式的認知行為療法其實都在做同樣的事情，只是從略微不同的角度、觀點和哲學著手。這麼多年來，很多來找我的人，都跟我說了很類似的話：

「我希望我幾年前就接受過這種 CBT。」或「我兩種行為療法都試過，我比較喜歡這種。」但是，我相信很多去接受 CBT 治療的人，也說過同樣的話。亞倫．T．貝克的 CBT 模式，比艾里斯的 REBT 模式更普遍，這也是我真心希望這本書能解決的問題。

為什麼會這樣，原因有點複雜，許多治療師和學者說，這是因為貝克比較早意識到以科學研究（即證據）支持治療的重要性。但是，我有別的想法。

對我來說，這就像是 HD－DVD 和藍光 DVD 之間的戰爭。這兩種技術同時上市，在聲音和視覺品質方面，兩者是相同的。

但是，藍光通過巧妙的行銷和比較酷的名字贏得了這場戰鬥。它很快抓住了大眾的注意力，並留在市場上。

關於這種家庭娛樂產品，再把時間線往回調，我們經歷過 VHS 錄影帶和 Betamax 錄影帶（現在，暴露出我的年齡了）之間的鬥爭。從技術方面來說，Betamax 是比較好的產品（先說，我並不是在詆毀 CBT），它擁有精良技術加上優越的音效和視覺品質，但 VHS 贏了，原因可能是由於巧妙的行銷，但也是因為它先引起了大眾的注意，而且，它也比較便宜。

我希望理性情緒行為療法能重新得到大眾的關注，因為這不是家庭娛樂，而是心理治療，如果這種形式比較適合你，你應該對它有所認識，應該要能夠找得到並獲得它。

一位有名的前維多利亞的祕密天使＊曾說過：「我覺得知識就是力量。」如果你知道如何照顧自己，你就能成為更好的自己。」

＊澳洲模特兒米蘭達·梅·寇兒（Miranda May Kerr）。

結語
還是有負面情緒，但不再不理性

「在我們真正學到必須知道的東西前，事情是不會過去的。」
——佩瑪・丘卓（Pema Chödrön），美國藏傳佛教金剛乘阿尼

一本關於理性情緒行為療法的書，一般認為是認知行為療法的第一種形式，也是一種非常成功且屹立不搖的療法。遺憾的是，在心理治療領域之外，聽過這種療法的人並不多。關於理性情緒行為療法的書以前也有，其實還不少，但真正注意到它們的人並不多。比較多人知道克莉絲汀・佩德絲基（Christine Padesky）的《想法轉個彎，就能掌握好心情》（*Mind Over Mood*），知道溫迪・德萊頓的《改變的理由》（*Reason to Change*）的人就沒那麼多。然而，在我看來，《改變的理由》是比較好的選擇，尤其如果你都是機械

* 澳洲模特兒米蘭達・梅・寇兒（Miranda May Kerr）。

地思考。如果你是這樣的人，那麼《改變的理由》就像大腦的自助保養維修手冊。

理性情緒行為療法不是我自己設計的療法，ABCDE心理健康模式也不是我發明的模式。我在這裡提及的一切，都是運用亞伯．艾里斯傳授的方法和哲學，並把它們以我的方式傳遞出來。希望你在期間玩得開心，也希望我鼓勵了你，去挖掘更多相關知識。

太陽底下沒有新東西，認知行為療法中最新的流行語，是接受和承諾療法（Acceptance and Commitment Therapy, ACT）和同情聚焦療法（Compassion Focused Therapy, CFT），兩者都是很好的模式。兩者的關注點都與理性情緒行為療法和認知行為療法略有不同，而且都增加了正念。

正念是來自古老的佛教練習，理性情緒行為療法和認知行為療法的治療師都承認，古老的斯多葛哲學在這些治療中所扮演的角色。我在這裡強調的是「古老」，因為太陽底下沒有新東西。任何被認為是「新」的東西，在某種程度上，都是比過去的東西更「優越」一些而已。但是，認知行為療法並不比理性情緒行為療法好，ACT和CFT也不比認知行為療法或理性情緒行為療法好，雖然正念和基於正念的治療都很出色，但它們也不是萬能的治療形式*。

真的沒有什麼是萬能的，包括理性情緒行為療法。主要還是取決於你是什麼樣的人、如何處理資訊，以及當時是否已經準備好要改變，當然還要看你願意付出多少努力。只有你每天都練習，正念才能發揮最好的效果，理性情緒行為療法也是如此。

每個人都在尋找解決問題的快速方法，也都在尋找解決自身問題的速效療法。心理學家和研究人員也一樣，都在尋找可以適用於萬物的統一療法。或者一隻魔杖，只要揮舞一下或一堂諮詢，就能可以解決所有問題**。

也許，有一天，他們真的會找到它。然而，人類的天性就是，在追求新事物的過程中，我們不僅忘記了舊的，也忘記了最近的。在尋找下一個轟動的東西時，我們放棄了現在仍然很好的東西***。

我不願看到理性情緒行為療法步上渡渡鳥的後塵，或昇華為其他療法而化為烏有，或變成它本來不是的東西。就連艾理斯在被問及他認為理性情緒行為療法未來會怎麼樣時，他也預測它可能會被納入其他療法，甚至會被稀釋掉，直到完全消失。但是，我們不要現在就放棄。

* 對於喜歡「兩者兼要」的人，我們也有基於正念的認知療法（MBCT）和基於正念的理性情緒行為療法（MBREBT）。

** 確實有單次心理治療（Single Session Therapy, SST）這種東西，甚至溫迪．德萊頓教授也提出過，他是教我理性情緒行為療法的教授之一，但SST並不是一根魔杖，仍然需要你付出很多努力。

*** 我們都做過這種事。我們都曾為了一個人拋棄另一個人，以為他是一個全新、閃閃發光、更有吸引力的人，然後才發現對我們來說，前一個人比現在的那個人好多了。關係是如此，治療和治療師也是如此。

其他人就沒有放棄，去年，艾里斯的幾本著作又被重新出版，所以也許人們對這個主題的興趣重新燃起了。我希望如此，畢竟它從未達到鼎盛時期。我說的全盛時期，是指它從未廣泛地為人所知，讓大家知道還有這種選擇。但是，它絕對是你可以選擇的，而且是一種絕佳的選擇。

這麼多年來，很多人來到我的診所或參加小組治療，經過幾次諮詢或治療結束時，他們都說：「我要是早點知道這個療法就好了。」

雖然理性情緒行為療法早在一九五〇年代中期就已經出現了，而且這個主題的書也很多，但還是很多人告訴我：「我真希望幾年前就知道這種療法，如果我知道的話，人生會完全不同。」

既然你已經讀了這本書，那麼你已經知道理性情緒行為療法了，你可以把它告訴你的朋友。在尋找最適合自己的治療方法時，你們可以查詢相關的資料，你可以詢問治療師是否有認知行為療法技能，也可以問他們是否有理性情緒行為療法技能。你可以詢問當地的醫療服務提供者，是否有提供理性情緒行為療法。

你甚至會覺得自己有足夠的力量，自行學習這種療法，沒有什麼比知識和選擇更能讓人放心了。並不是每個選擇學習認知行為療法的人都知道理性情緒行為療法，或知道它是認知行為療法的一種形式。

如果你想選擇理性情緒行為療法，也要注意，並不是每個理性情緒行為療法治療師都宣稱自己是理性情緒行為療法治療師，但你可以造訪理性情緒行為療法治療師協會（Association of Rational Emotive Behaviour Therapists, AREBT）或找到附近的執業理性情緒行為療法治療師。

再來，如果你想自己研究這個主題，無論是作為自助的形式，還是學習如何成為一名理性情緒行為療法治療師，我可以誠摯地推薦在倫敦和巴斯（英格蘭西南部）開設課程的認知行為療法學院（College of Cognitive Behavioural Therapies, CCBT）。伯明罕大學（University of Birmingham）也有一個理性情緒行為療法中心，它是紐約亞伯・艾里斯研究所在英國的附屬機構，而該研究所又是所有理性情緒行為療法的國際發源地。此外，倫敦的壓力管理中心（Centre for Stress Management）也有開設一些很棒的、受到認可的課程。

關於理性情緒行為療法有多麼有效，我再怎麼強調也不夠，它不僅可以有效處理特定問題，更能有效幫助你以全新的方式看待生活。

但是，說到那些令人討厭的具體問題時，人們總是會問：「這需要幾次諮詢？」而當我說：「你的話，六次。」時，幾乎每個人都會驚呼：「什麼？真的嗎？六次就夠了嗎？」

答案是「是的」。

如果你有一個具體的問題，答案是「是的」；如果你有強烈動機並投入到這個治療過程中，答案是「是的」；如果你盡自己最大的能力做好所有作業，答案是「是的」。

事實上，我在倫敦開業時，倫敦人都非常注重快速有效，而我的大多數客戶從來找我到離開，都是六次諮詢。在倫敦，身為一名自我雇傭的理性情緒行為療法治療師，最困難的部分是尋找新客戶來遞補那些迅速離去的老客戶。

我們的速度飛快，不只在運用ABCDE心理健康模式上，還有進行所有本書中（和其他類似的書中）的練習，並取得非常好的效果。

我總是真誠懇切地指出，最能快速有效幫助他們的療法，就叫做理性情緒行為療法。對我來說，這個名字不只代表治療的過程，也代表治療的類型——每個詞都有某種意義，就像ABCDE模式中的每個字母都有自己代表的意義一樣。

人們來接受治療是因為他們不夠理性。他們以自己不喜歡的方式在思考、感受和行動，但似乎無法改變。這種症狀的專業術語是「精神官能症」，意思是他們患有一種相對溫和的精神疾病，不是由任何器官機能疾病引起的。

這些人也被稱為「慮病患者」，雖然這個詞本身可能嚴重地掩蓋了患者所經歷症狀的嚴重性。但是，從定義上來說，它也表示患者通常沒有脫離現實，這是與精神病相反的。精神病指的是一個人有嚴重的精神障礙，思想和情緒受到嚴重損害，這些人確實已經脫離了現實。

所以，來診所的人們是不理性、憂慮的正常人。作為一名理性情緒行為療法治療師，我們首先需要讓他們變得理性。我們教他們分析和質疑自己思想的正確性，然後讓他們使用更有感染力的技巧，來破壞不健康的信念，並讓他們對健康信念產生一種信心。

當這種信心夠堅定時，他們就需要盡量按照健康信念行事，並且在往後的生活中也如此。只有不斷地、重複按照健康的信念行事，我們才能實現治療目標。

並不是所有的治療師都會設定目標，因為並不是所有療法都是目標導向的。但是要記住，人的天性是目標導向的，所以有一個能提供目標的療法是很有意義的*。

我希望這本書能幫助你實現你的目標。

多年前，我的目標是不要對在擁擠地方撞到我的人大吼、咒罵或發出野獸般的咆哮聲。那項任務或多或少完成了，因為現在我不咆哮了。

除非你想讓我這麼做。

* 如果沒有目標，人們總是會有些倦怠和無精打采。

謝辭

我非常感謝所有教我理性情緒行為療法的人，因為我太喜歡它了。間接感謝的是該學科的創始人亞伯．艾里斯，而直接感謝的是認知行為療法學院（College of Cognitive Behavioural Therapies）的聯合創始人艾維．約瑟夫（Avy Joseph），他在開辦認知行為催眠認證課程時，第一次向我介紹了這個學科），還有後來的溫迪．德萊頓（Windy Dryden）教授（他也教導艾維），以及瑞納．布藍屈（Rhena Branch），他們都在倫敦大學的金匠學院教授碩士課程。

三位尤達大師對上我這個天行者路克，他們三位把理性情緒行為療法的結構、過程和複雜性都教給了我，既徹底又傑出。然而，本書中的特質和對規範的輕微偏離，都是我自己的問題。對不起，各位！

我還要感謝我的經紀人羅伯特．格溫．帕爾默（Robert Gwyn Palmer），還有蘇珊娜．阿博特（Susanna Abbott）（她答應了我的請求），還有艾瑪．歐文（Emma Owen）、凱特．萊瑟姆（Kate Latham）以及企鵝蘭登書屋（Penguin Random House）的所有人，是他們促成了這本書的出版。

HEART
心|視野 心視野系列 081

終結毒性思考

瞬間扭轉負面想法的轉念練習

The Four Thoughts That F*** You Up ... and How to Fix Them:
Rewire how you think in 6 weeks

作　　者　丹尼爾 · 弗瑞爾（Daniel Fryer）
譯　　者　吳宜蓁
總 編 輯　何玉美
主　　編　林俊安
責任編輯　袁于善
封面設計　張天薪
內文排版　黃雅芬

出版發行　采實文化事業股份有限公司
行銷企畫　陳佩宜 · 黃于庭 · 蔡雨庭 · 陳豫萱 · 黃安汝
業務發行　張世明 · 林踏欣 · 林坤蓉 · 王貞玉 · 張惠屏
國際版權　王俐雯 · 林冠妤
印務採購　曾玉霞
會計行政　王雅蕙 · 李韶婉 · 簡佩鈺
法律顧問　第一國際法律事務所　余淑杏律師
電子信箱　acme@acmebook.com.tw
采實官網　www.acmebook.com.tw
采實臉書　www.facebook.com/acmebook01

I S B N　978-986-507-396-1
定　　價　360 元
初版一刷　2021 年 9 月
劃撥帳號　50148859
劃撥戶名　采實文化事業股份有限公司
　　　　　104 台北市中山區南京東路二段 95 號 9 樓
　　　　　電話：(02)2511-9798　傳真：(02)2571-3298

國家圖書館出版品預行編目資料

終結毒性思考：瞬間扭轉負面想法的轉念練習 / 丹尼爾 · 弗瑞爾（Daniel Fryer）著；吳宜蓁譯 . – 台北市：采實文化，2021.9
336 面；14.8×21 公分 . --（心視野系列；81）
譯自：The Four Thoughts That F*** You Up ... and How to Fix Them: Rewire how you think in 6 weeks
ISBN 978-986-507-396-1（平裝）
1. 自我實現 2. 情緒管理 3. 生活指導
177.2　　110006329

采實出版集團
ACME PUBLISHING GROUP

廣 告 回 信
台 北 郵 局 登 記 證
台北廣字第03720號
免 貼 郵 票

采實文化 采實文化事業股份有限公司

104台北市中山區南京東路二段95號9樓

采實文化讀者服務部　收

讀者服務專線：02-2511-9798

The Four Thoughts That F*CK You Up ...and How to Fix Them

Rewire how you think in 6 weeks

終結毒性思考

瞬間扭轉負面想法的轉念練習

丹尼爾·弗瑞爾 Daniel Fryer——著 吳宜蓁——譯

HEART
心|視野 **心視野系列**專用回函

系列：心視野系列081
書名：**終結毒性思考**

讀者資料（本資料只供出版社內部建檔及寄送必要書訊使用）：

1. 姓名：
2. 性別：☐男 ☐女
3. 出生年月日：民國　　年　　月　　日（年齡：　　歲）
4. 教育程度：☐大學以上 ☐大學 ☐專科 ☐高中（職） ☐國中 ☐國小以下（含國小）
5. 聯絡地址：
6. 聯絡電話：
7. 電子郵件信箱：
8. 是否願意收到出版物相關資料：☐願意 ☐不願意

購書資訊：

1. 您在哪裡購買本書？☐金石堂 ☐誠品 ☐何嘉仁 ☐博客來
☐墊腳石 ☐其他：____________________（請寫書店名稱）
2. 購買本書日期是？______年______月______日
3. 您從哪裡得到這本書的相關訊息？☐報紙廣告 ☐雜誌 ☐電視 ☐廣播 ☐親朋好友告知
☐逛書店看到 ☐別人送的 ☐網路上看到
4. 什麼原因讓你購買本書？☐喜歡心理類書籍 ☐被書名吸引才買的 ☐封面吸引人
☐內容好 ☐其他：____________________（請寫原因）
5. 看過書以後，您覺得本書的內容：☐很好 ☐普通 ☐差強人意 ☐應再加強 ☐不夠充實
☐很差 ☐令人失望
6. 對這本書的整體包裝設計，您覺得：☐都很好 ☐封面吸引人，但內頁編排有待加強
☐封面不夠吸引人，內頁編排很棒 ☐封面和內頁編排都有待加強 ☐封面和內頁編排都很差

寫下您對本書及出版社的建議：

1. 您最喜歡本書的特點：☐實用簡單 ☐包裝設計 ☐內容充實
2. 關於心理領域的訊息，您還想知道的有哪些？

____

____

3. 您對書中所傳達的內容，有沒有不清楚的地方？

____

____

4. 未來，您還希望我們出版哪一方面的書籍？

____

____

HEART
心|視野

HEART

心視野